史密斯成功密码

A.O.史密斯公司的价值观管理

杨东涛 著

北京大学出版社
PEKING UNIVERSITY PRESS

图书在版编目(CIP)数据

史密斯成功密码:A.O.史密斯公司的价值观管理/杨东涛著. —北京:北京大学出版社,2015.1

ISBN 978-7-301-25119-5

Ⅰ.①史… Ⅱ.①杨… Ⅲ.①公司—企业管理 Ⅳ.①F276.6

中国版本图书馆 CIP 数据核字(2014)第 272117 号

书　　　名:	史密斯成功密码——A.O.史密斯公司的价值观管理
著作责任者:	杨东涛　著
策划编辑:	贾米娜
责任编辑:	贾米娜
标准书号:	ISBN 978-7-301-25119-5/F·4097
出版发行:	北京大学出版社
地　　　址:	北京市海淀区成府路 205 号　100871
网　　　址:	http://www.pup.cn
电子信箱:	em@pup.cn　QQ:552063295
新浪微博:	@北京大学出版社　@北京大学出版社经管图书
电　　　话:	邮购部 62752015　发行部 62750672　编辑部 62752926　出版部 62754962
印　刷　者:	三河市博文印刷有限公司
经　销　者:	新华书店
	730 毫米×1020 毫米　16 开本　14.25 印张　196 千字
	2015 年 1 月第 1 版　2018 年 9 月第 6 次印刷
定　　　价:	38.00 元

未经许可,不得以任何方式复制或抄袭本书之部分或全部内容。

版权所有,侵权必究

举报电话:010-62752024　电子信箱:fd@pup.pku.edu.cn

本书受到以下基金项目资助：

国家自然科学基金面上项目：指向价值观认同的人力资源实践构建及其对组织绩效的作用机制研究——基于利益相关者视角（批准号：71372027）

国家自然科学基金面上项目：新生代农民工组织认同对工作嵌入及其绩效影响的实证研究——以中国制造企业为例（批准号：70972037）

教育部高等学校博士学科点专项科研基金：大学生村官角色认知对心理契约、工作绩效影响研究（批准号：20100091110041）

推荐序一

怀着极大的兴趣,我有幸阅读了本书的全部书稿。感谢并祝贺南京大学商学院杨东涛教授与她的团队,为中国管理业界与学界做了一份很有意义的工作,把艾欧史密斯(中国)热水器有限公司(简称A.O.史密斯公司)在中国的成功之道清楚而又全面地展现给读者。我满怀热情地把这本书推荐给那些有志于在中国长期发展的外国企业家们、那些决心把中国企业发展为世界一流的中国企业家们,以及那些试图研究与构建全球管理模式的学者们。

在阅读本书之前,我对A.O.史密斯公司及其总裁丁威就已有所了解。我曾两次带领美国MBA学生参观访问了A.O.史密斯公司,并陪同一位慕名而来的美国学者采访了丁总。他对美国A.O.Smith公司在中国成长的使命感、他谈及该公司时的激情与自豪以及他对管理门道的独特反思给我、我的同事与学生留下了深刻的印象。书中对A.O.史密斯公司价值观管理的详尽描述进一步验证了我的总体印象,并激发了我的如下感想。

第一,A.O.史密斯公司的成功根源于美国A.O.Smith公司的核心价值观。A.O.史密斯公司把这些核心价值首先浓缩简化为便于记忆和上口的"四个满意":客户满意、员工满意、股东满意、社会满意;进而将较为抽象的核心价值细化为与行为挂钩的观念和指针,通过培训、宣讲,加深员工理解与认同,并通过考核及奖惩措施强化与激励符合核心价值观的正面行为,弱化与防止违背核心价值观的负面行为。A.O.史密斯公司以价值为导向的文化创建之所以成功还由于它始终坚持:① 核心价值之间的同等重要性;② 理念与行为的一致性;③ 文化构建的持续性。

第二,A.O.史密斯公司的成功在于将美国A.O.Smith公司的核心价值观本土化。美国是一个崇尚个体文化的社会,而中国崇尚的是家庭式的关系文化。个体文化强调个性的独立、个人利益的追求与竞争,而关系文化强调个人对所属小群体的认同与服从、对本群体利益的追求及与外群体的竞争。个体与小群体都是现代社会大群体的构成部分,三者之间的价值导向既有互依与互补关系,也有矛盾与排斥关系。A.O.史密斯公司大胆而有创意地把母公司的个体价值观引入,并将其作为员工满意维度。例如,在对主管的培训中,公司以员工的口气呼吁管理人员"承认我的伟大之处""倾听并理解我""即使不同意我,也不要否定我个人"。与此同时,公司要求所有管理者要"超越个人私利",发扬团队合作精神。更为重要的是,公司提倡用客户、股东和社会价值取向来平衡及制约个体与小群体的价值取向,使公司价值超越本个体与本群体甚至本公司的利益,与外群体和大社会利益融为一体,协同进化、持续发展。也正是通过对多种价值取向的平衡与融合,A.O.史密斯公司力图追求个体尊严及社会责任的和谐与统一。

第三,A.O.史密斯公司是中国境内公司争创世界一流企业的典范。"建设世界一流工厂""为客户提供一流的服务""整合一流的国际化供应商资源"是A.O.史密斯公司的流行口号。如何成为世界一流企业?A.O.史密斯公司的经验告诉我们,具有国际化标准的专业化管理是必经之路。专业化管理模式既有别于中国民营企业中流行的家族管理模式,也有别于许多国有企业中的关系管理模式。专业化管理遵循不偏不倚的普遍主义原则,而非建立在小群体内成员之间互惠关系(诸如血缘、亲戚与朋友之间的私有人情关系)之上的特殊主义原则。A.O.史密斯公司力求简单人际关系,一切以工作为重,以职业操守为准;采取各种举措缩小下属对上司的个人依附关系,在公司文化中出现频率最高的词汇当数"公平和公正",并被应用在招聘、考核、晋升、奖励等各项运作程序之中。值得注意的是,A.O.史密斯公司的文化是重感情的文化。本书将它的管理描绘成"用心管理"。在公司,这种感情是建立在公司对全体员工的普遍关爱(我称之为机构性关爱)和员工对公司的使命与价值的认同之上,反映了员工与公司、上下级以及同事之间的相互信任。

21世纪,优秀的企业力求员工、企业与社会价值的和谐统一。本书让我对A.O.史密斯公司有了更详细的了解,感受到了中西方管理融会贯通的潜在可能性,更看到了中国企业通过价值观管理实现可持续发展的希望。

陈昭全

南京大学商学院院长(国际)

南京大学商学院人力资源教授

美国新泽西州立大学罗格斯大学商学院组织与全球商务教授

2014年10月13日

推荐序二

夜幕降临,轻轻放下手中这本看了许久的书稿,伫立窗前,想着书中有关A.O.史密斯公司的内容,脑海里不禁浮现出16年来和A.O.史密斯公司点点滴滴的过往。

1994年,时值而立之年的我毅然从河北省商业厅辞职,到南京玉环热水器厂工作并见证了这个企业随后的变动:1996年南京玉环热水器厂与美国A.O.Smith公司合资,成立中美合资的南京艾欧史密斯热水器有限公司;1998年,美国A.O.Smith公司购买了与其合资的南京玉环热水器厂的全部合资股份,成立独资公司,即今天的A.O.史密斯公司。我的身份也从玉环热水器厂的员工变为合资企业的员工,再成为A.O.史密斯公司的员工。2001年我选择创业,成立公司专门代理销售A.O.史密斯公司的产品,销售额由2001年的1000多万元发展到2013年的8.85亿元,按目前的销售情况预计今年含税销售额将突破11亿元,市场涵盖河北省、山西省及山东省、内蒙古自治区大部分地区,公司也发展为拥有六家独立法人公司的集团公司——南华集团管理中心。2012年12月14日,A.O.史密斯公司全球副总裁、中国区总裁丁威先生亲临石家庄南华集团管理中心,为我颁发了"艾欧史密斯(中国)热水器有限公司高级名誉副总裁任命证书",我想这不仅是我个人的殊荣,更是对南华集团管理中心销售业绩的认可。

我的许多朋友包括亲人都问过我选择跟随A.O.史密斯公司的原因,有些时候我会幽默地回答道:"这是缘分噢!"其实,回想起当初的情形,最直观的感受是在A.O.史密斯公司工作期间被送往美国A.O.Smith公司培训时,所看到的在中国制造的热水器放在美国工厂进行内胆水压冲击测试,当时的第一反应就是A.O.史密斯公司是一家非常重视产品质量、生产安全可靠产品的公司。同时,在A.O.史密斯公司从事销售工作期间,我也看到该公司重合同、守信用,只要是公司文件或者合同上明文规定的事情,都会不折不扣地认真执行,销售政策透明。

现在停下来仔细考虑这个问题,我想我之所以选择一直跟随A.O.史密斯公司,最为关键的原因应该和杨老师这本书中所强调的内容如出一辙:源于对A.O.史密斯公司"四个满意"(客户满意、股东满意、员工满意、社会满意)价值观的高度认同。这一点也可以从我们南华集团下属的六家公司"五个满意"(在A.O.史密斯公司"四个满意"的基础之上加上"工厂满意";工厂,即为A.O.史密斯公司)的核心价值观上得到印证。无论是曾经作为A.O.史密斯公司的员工还是现在作为A.O.史密斯公司的代理商,都能够感受到A.O.史密斯公司在实际行动中对于"四个满意"价值观的践行:因为"四个满意",所以重视核心技术,强调产品研发;因为"四个满意",所以重视产品质量,强调持续改进;因为"四个满意",所以重视合同,强调相互信任;因为"四个满意",所以关爱员工,强调公平公正……

可以说,"四个满意"的价值观是A.O.史密斯公司不断走向繁荣的关键。联想到当今的一些企业,虽然也都拥有自己企业的价值观或者企业文化,但是很多都是贴在墙上、写在纸上或者挂在嘴边,企业员工对于企业所倡导的价值观或者企业文化并不认同,更谈不上在实际工作中践行企业价值观了。在这种情况下,企业文化对企业不断成长和发展所能够发挥的作用就受到了限制，所以，企业有必要通过采取各方面的措施，来提高企业员工对于企业价值观或者企业文化的认同，使企业员工在实际工作中做出符合企业价值观的行为。A.O.史密斯公司"四个满意"的价值观，已经成为公司员工自觉遵守和处事方式的基本准则，是融化在每一个史密斯人血液中的。因此，在如何通过各种管理措施促进企业员工价值观的认同方面，A.O.史密斯公司已经做出了一些有益的探索和实践。这本书详细地描述了A.O.史密斯公司是如何通过各方面的措施来提高价值观认同的，相信能够为一些企业的价值观管理和企业文化建设提供一些可供借鉴的经验与启示。

回想起来，从1994年进入中国家电行业，至今已有20年的时间，对于中国家电行业主要品牌产品的分销渠道有了比较深刻的了解和认识。在中国家电行业中，厂商与代理商或者经销商之间基本的关系模式相当一部分是博弈关系，双方围绕价格管理、市场投入、销售任务、承诺兑现等相互博弈。这种相互博弈关系模式短期来看可能会使得一方获利，但是长期来看，建立在损害对方利益基础上的关系模式注定无法长久，这也是中国家电行业所面临的一个比较重要且严峻的问题。然而，作为其中特例的是A.O.史密斯公司，正是在"四个满意"价值观的倡导下，其强调把代理商、经销商看作公司的利益相关者，针对大的代理商、经销商（销售额≥5 000万元），一方面在公司设立专门的代理商、经销商人力资源部，帮助代理商、经销商建立人力资源管理体系；另一方面，其技术部门也帮助代理商、经销商建立IT系统，实现动销数据共享，同时针对代理商、经销商设置专职客户经理，协助他们开展销售工作，协调代理商、经销商与A.O.史密斯公司各职能部门的往来事务，使他们与A.O.史密斯公司共同成长、共同壮大，通过双方的良好合作向市场要利润，实现双赢。这种共成长的生态关系模式异于当前相当一部分厂商和代理商、经销商之间的博弈关系，同时也有利于厂商和代理商、经销商之间关系的长期及持续发展。因此，这本书中所叙述的A.O.史密斯公司维系其与代理商、经销商之间良好合作关系的方式，不失为解决当今中国家电行业厂商和代理商、经销商之间矛盾关系的一个可供借鉴的思路。

从一个曾经的A.O.史密斯公司员工，成长到现在作为A.O.史密斯公司最大的代理商——河北南华集团管理中心的总经理，16年的时间里，伴随着A.O.史密斯公司的不断发展壮大，我也一路得以成长。衷心祝愿A.O.史密斯公司前程似锦、基业长青！

孙乃树

艾欧史密斯(中国)热水器有限公司高级名誉副总裁

河北南华集团管理中心总经理

2014年9月28日

PREFACE 自序

2011年,我将跟踪调研A.O.史密斯公司13年的研究成果:"从口号到行动——A.O.史密斯公司的文化建设之路",以著作形式出版。该书出版后,我的EMBA、EDP、MBA的学生对它非常有兴趣,他们常常打电话给我,请我安排他们去A.O.史密斯公司参观、交流学习,期望能将A.O.史密斯公司的企业文化落地的具体做法复制到他们自己的公司中去。同时,我在继续跟踪调研A.O.史密斯公司的过程中发现,该公司的经销商、供应商也在积极模仿或引进其价值观管理方法。这表明企业在面对复杂多变的环境和个体对独立自由的追求、传统的"指令控制"式的管理方式已难以满足要求的当今时代,越来越需要员工对组织的价值观高度认同,从而确保其行为符合公司的根本理念和原则。

企业界有学习价值观管理实务的需求;本人出于三方面的原因,也很想将A.O.史密斯公司成功的价值观管理以书籍的形式展示出来。这就是本书写作的初衷。三方面的原因是:第一,A.O.史密斯公司通过价值观管理,实现了员工价值观与企业价值观的和谐统一、自由与责任的和谐统一,使员工在认同公司价值观的基础上自觉践行公司价值观,公司绩效得到持续高速增长。2001—2013年,该公司已连续13年保持了年均20%以上的销售额增长率,销售额全行业排名第一;与此同时,该公司于2010年进入净水行业,截至2014年6月底也取得了18%的市场占有率,成为行业的领导品牌。在价值观混沌和混乱的当下,A.O.史密斯公司的价值观管理实践对拟开展价值观管理的企业非常具有指导和复制价值,很值得写出来。第二,满足我的来自企业界的学生及对学习价值观管理有兴趣者的需求,为他们开展价值观管理提供一个成功的范例和第一手的参考资料。第三,为我的博士生开展的企业管理研究能根植企业管理实践提供条件。我带的博士生的专业是企业管理,但他们入学时基本没有企业工作经历,甚至没有去过企业、工厂。为使他们的企业管理研究能根植企业管理实践,带着他们调研A.O.史密斯公司的价值观管理,并以书籍的形式呈现研究成果,是一个行之有效的办法;博士生们在调研A.O.史密斯公司的过程中,结合查阅的文献,寻找问题导向的有研究意义的课题。

在为写作本书开展调研时,考虑到研究既要有实践意义,还要有理论意义;企业管理的研究课题应该来自实际,研究结果形成的理论又能指导实践,我安排我的博士生查阅了价值观认同/价值观一致性、人力资源管理实践对企业绩效的影响机制方面的相关文献,发现学术界目前的研究结论表明,影响员工价值观认同/价值观一致性的因素主要包括招聘、社会化和领导三个方面。我们通过对利用现场观察、访谈、搜集档案文件等方法积累的A.O.史密斯公司资料的分析,发现该公司价值观管理的内容除了招聘、社会化和领导三个因素外,还包括规范行为等其他实践措施,并且A.O.史密斯公司的这些管理实践不是简单地叠加,而是一项系统工程,互相支持,协同进化;其价值观管理的对象不仅针对公司内部员工,而且辐射到经销商和供应商。这些发现让我们眼前一亮,振奋不已,并深深地为A.O.史密斯公司的价值观管理的魅力所折服。我们通过对A.O.史密斯公司价值观管理的观察思考,结合相关文献回顾,提炼形成了国家自然科学基金面上项目:

指向价值观认同的人力资源实践构建及其对组织绩效的作用机制研究——基于利益相关者视角,并在2013年获得国家自然科学基金委员会的资助。

随着书稿的撰写,我和我的博士生们经过近一年的不断讨论,将A.O.史密斯公司的价值观管理体系命名为"史密斯密码"模式,即"S-Code"模式。其中,"S"表示"Smith"(即A.O.史密斯公司),"Code"由"Co""d"和"e"三部分组成,代表A.O.史密斯公司价值观管理的三大特征,即协同进化(Co-evolution)、持续推进(Duration)和提升人才密度(Elite)。其中,"协同进化"表现在领导与员工、部门与部门以及公司与合作伙伴之间,通过合作共进和相互配合,纵向上实现公司领导的卓越管理和员工的价值观认同,横向上实现公司内部各部门对价值观的共同坚守,公司与合作伙伴对价值观管理的相互促进;"持续推进"一方面表现为A.O.史密斯公司成立16年来长期对价值观管理的执着坚持,促使越来越多的员工及合作伙伴认同公司的价值观,另一方面表现为公司对价值观管理的不断推进完善,加强每一项管理实践的作用效果,实现员工和各利益相关者对公司价值观的认同;"提升人才密度"表现为公司通过有效的招聘、培训等方法培养与公司"志同道合"、符合TRIP模型的高素质员工,实现人才密度的提升速度超越公司快速发展对人才需求的增长速度。

本书的完成,得到多方面的支持和帮助。在此,表示我真挚的谢意!首先,要深深地感谢A.O.Smith集团高级副总裁兼中国公司总裁丁威先生。正是他的全力支持,我们才可以深入A.O.史密斯公司一线进行观察,方便地对公司各级人员进行自由访谈和调研,获取宝贵的一手数据资料。同时,要感谢每一位帮助过我们研究团队和接受过我们访谈的A.O.史密斯公司的众多员工,他们是:陈琦、程珂、成璐、杜以玲、方文清、梁启平、陆峰、陆振华、马黎、潘娟、邱步、石秉琦、宋光平、孙苗、孙文哲、唐怀欢、王冰琳、王建宝、王娟、吴俊所、吴晓峰、阎琨、杨建、郁晔璆、张玮、郑师文、朱军等，正是他们积极认真的配合和热情帮助，才使得我们能多层面、多角度地全面了解A.O.史密斯公司的价值观管理实践。其次，我要感谢A.O.史密斯公司经销商和供应商：孙乃树总经理、李扬总经理、周克非总经理、曹勇总经理、公言非总经理、朱庆国总经理，他们认真、开放地接受我们的访谈，为我们提供所需的数据资料。再次，要感谢A.O.史密斯公司前员工常云飞、张海宁、龚元鹏等，他们认真地接受我们的访谈，毫无保留地分享他们对A.O.史密斯公司价值观管理的理解、欣赏与佩服。最后，我要感谢我的研究团队的成员：我的博士生吴杲、任华亮、李群、汪潇、刘鑫、詹小慧、栾贞增，他们花费了大量的时间、精力参加本书的调研、讨论、写作和修改，我们互为每一稿书稿的第一批读者和批评建议者；感谢研究团队的支持人员，我的博士生韦志林、秦伟平、王林、曹亚东、储庆鑫、彭征安、戚玉觉、王聪颖以及硕士生雷定欣、姚纬苹、房文洁、林琳、王化荣，他们为书稿的撰写提出了很多有建设性的看法和见解，给了我很多的启发和帮助。

　　本书是我的博士生们接力研究的产物。博士生是流水的兵，他们一届届入学，一届届毕业。因是接力研究，所以有贡献者很多，但无法将他们的名字全部署上，只能以我一人的名字署名。署名者，就是书中一切错误与问题的责任者，故恳请大家提出批评指正。

杨东涛
2014年9月18日

CONTENTS 目录
史 密 斯 成 功 密 码

PART ONE 第一篇 百年传承

第一章　140年的价值坚守 / 003
　第一节　价值坚守之因 / 003
　第二节　价值坚守之果 / 009
　第三节　价值坚守之道 / 013

PART TWO 第二篇 身教言传

第二章　领导力提升 / 029
　第一节　初级领导力培训 / 029
　第二节　高级领导力培训 / 038
第三章　领导示范 / 049
　第一节　总裁率先垂范 / 049
　第二节　高管团队以身作则 / 057

PART THREE 第三篇 齐抓共举

第四章　员工招聘与培训 / 067
　第一节　员工招聘 / 067
　第二节　员工培训 / 077
第五章　行为规范 / 087
　第一节　行为规范体现价值观 / 087
　第二节　行为规范强化价值观 / 097

PART FOUR 第四篇 润物无声

第六章 文化浸润 / 117
    第一节 营造文化氛围 / 117
    第二节 推动文化落地 / 129

第七章 关爱员工 / 146
    第一节 生活关爱 / 146
    第二节 工作关爱 / 155

第八章 价值观外化 / 166
    第一节 品牌传递价值观 / 166
    第二节 伙伴共享价值观 / 174

PART FIVE 第五篇 凝神聚气

第九章 A.O.史密斯公司成功之道 / 189
    第一节 "S-Code"模式 / 189
    第二节 自由与责任 / 199

主要参考文献 / 207

PART ONE

第一篇

百年传承

面对不断变化且竞争愈发激烈的市场环境,企业的管理者们常常陷入沉思:什么样的管理方法才能够使企业更好地适应竞争日趋激烈的外部环境?什么样的管理方法才能使企业基业长青、永续经营?什么样的管理方法才是21世纪企业的生存与发展之道?

A.O.史密斯公司认为:坚守140年价值观与道德规范,筑就A.O.史密斯中国成功之路。

价值观管理是时代的呼唤,是企业可持续发展的必然。

第一章
140 年的价值坚守

● ● ● ●

作为企业内在的灵魂,企业价值观是企业长期发展的积淀,不仅对企业的行为和决策具有重要的指导作用,而且给企业带来无法替代的竞争优势及发展动力。美国 A.O. Smith 公司就是通过对价值观 140 年的坚守获得了成功,而其子公司——A.O. 史密斯公司则通过有效的价值观管理,成功传承了其母公司美国 A.O. Smith 公司的价值观并获得了在中国市场上的辉煌成就。本章首先介绍价值观管理的必要性,然后介绍美国 A.O. Smith 公司和 A.O. 史密斯公司的发展历程、美国 A.O. Smith 公司价值观的由来及 A.O. 史密斯公司的价值观,在此基础上,描述 A.O. 史密斯公司的价值观管理体系。

第一节 价值坚守之因

企业要生存与发展,必然要适应所处的内外部环境。在当今时代,由于经济、信息技术、员工特质等因素的变化,企业面临的内外部环境变得更加复杂,企业传统的管理手段已经难以满足时代的要求。因此,为了生存与发展,企业有必要探索更有效的管理方式。

一、全球经济一体化

全球经济一体化使得世界各个国家和地区都进入到统一的世界市场中,各国经济之间的联系日益紧密。据《2013年度大宗商品经济数据报告》显示,我国铁矿石、铜等的对外依存度达到36%以上,原油的依存度更高达57.14%,而棕榈油的对外依存度竟达到100%。在全球经济一体化的进程中,企业所面临的外部环境也在发生重大变化。首先是企业竞争对手的全球化。随着全球经济一体化的推进,世界市场变得越来越一体化和自由化。据国家工商总局披露,截至2012年5月底,中国现有外资企业已达43.93万户,注册资本1.83万亿美元。同时,我国的本土企业也纷纷进入国际市场。2013年,2万家左右的中资企业实现"走出去",有的企业的业务几乎遍及全球。其次是市场需求的多元化。全球化为企业提供了更广阔的市场发展空间,在这广阔的市场中,消费者需求的多元化和个性化程度进一步加深。最后是人才流动的普遍化。全球化使得人才的流动区间和范围扩大,人才流动的机会更多。企业有可能获取需要的人才,但也可能会失去已有的人才。人民网报道,2011年,中国海外人才流失近80万人,在中国有超过80%的员工愿意接受异地工作的机会,有30%的中国员工具有强烈的跨国流动意愿。所以,全球经济一体化会给企业员工队伍的稳定、获取和保留带来巨大的挑战。

二、信息技术发展飞速化

"北京共识"的首倡者雷默在《不可思议的年代:面对新世界必须具备的关键概念》一书中指出,伴随着信息技术和互联网的快速发展,人类正从工业社会向信息和服务社会过渡。150年前,人类依靠马匹等原始交通工具传递信件等,这种方式传递信息的能力大约为每秒0.003比特(假设一封信的内容平均有10千字节)。然而,到了20世纪60年代,信息传递的速度已达每秒300比特。如今,伴随着全球光缆的铺设,信息传递的速度已经达到惊人的每秒10亿比特。也就是说,这150年,人类信息传输的速度增长了上千亿倍。信息技术的发展使得企业必须重新定义企业行为和组织形式。一方面,信息技术改变了企业的商业模式和运营管理方式,在企业中的作用显得越来越重要。另一方面,信息技术的应用和推广直接促进了企业的信息交流及知识共享。组织内部的权力得到了重新分配,员工之间的跨级交流已成为可能,团队之间的沟通合作也可以突破时间和地域的限制。同时,信息技术的发展也给传统的经营模式带来了巨大的挑战。借助于信息技术,一批新兴的企业能够在短时间内迅速崛起,并挑战和威胁行业龙头企业。例如,2010年4月,一家名不见经传的公司在北京成立,靠着"为发烧而生"的理念,凭借以互联网开发手机操作系统、让发烧友参与开发改进的模式,迅速席卷大江南北,这就是"小米"公司(北京小米科技有限责任公司)。根据CNET科技资讯网的报道,到2013年,仅用了3年时间,小米手机已经销售了1 870万台,销量增长了160%,给现有手机品牌带来了挑战和威胁。

三、员工个性化

20世纪八九十年代出生的员工(简称80后、90后)已经步入职场,不仅成为公司发展的主力军,而且成为社会经济发展的主要力量。智联招聘调查显示,有超过两成的互联网企业的80后、90后员工占比达到了90%,15.1%的金融企业中80后、90后员工所占的比例在90%以上。而且通过对近1.2万人的抽样调查发现,40.5%的1980—1984年出生的员工已经开始进入公司的核心岗位。其中,16.3%的人已成为公司的中层管理者。和老一代的员工相比,20世纪80年代及其后出生的新生代员工既把工作看作是谋生手段,又把工作看成是实现自己人生价值的重要途径和方式。他们注重自由和被尊重,注重工作和生活之间的平衡,乐意接受平等的沟通。另外,新生代员工多是独生子女,他们以自我为中心的性格特征比较明显,并可能会将这种思维带到工作中。例如在工作中,他们经常会问"为什么我不知道?""为什么不和我沟通?""为什么不给我机会?",而不是从他人或整体的视角分析问题。

四、管理复杂化

全球经济一体化和信息技术的飞速发展,使得当今世界各类型组织间的联系越来越广泛,相互联系的速度也越来越快,加之员工更加个性化,使得传统的"指令控制"式的管理模式逐步失效,企业的管理面临着前所未有的巨大挑战。

一方面,对管理者的领导能力提出了更高的要求。领导力对企业的发展至关重要,成功的领导力能够有效利用企业各方面的资源,以保证企业经营目标的实现。尤其是在内外部环境发生急剧变化的情况下,企业要想实现持续的发展和成功,必然要求领导力能够得到进一步的提升,以适应新的变化和要求。正如前面所叙述的那样,在企业所处的环境中,经济、信息技术、员工等方方面面的因素都发生着变化。企业要想成功地应对这些变化,最终还是要发挥企业中人的作用。通过人的一系列包含了主观愿望和想法的活动才会起作用。由此可见,企业要在变化的世界中得以发展就应该有效地管理和影响企业中的人。

另一方面,要妥善解决利益相关者的价值冲突。传统观点认为,企业存在的唯一目的是获取利润,实现股东利益最大化。然而,在当今价值多元化的时代,社会对企业的期望和要求不仅仅是利润,还有员工、客户和社会等利益相关者的利益。企业是整个社会经济中的一部分,企业在经营过程中会与社会中的其他组织和个人发生资源互动及交换,由此产生了社会关联。尤其是在当前充满不确定性和多变的环境中,企业要更好地生存与发展,必然要在社会中占据更加中心和重要的地位,需要与外界发生更广泛的联系。这种社会关联往往是跨组织和跨边界的,因此,企业与边界内外的组织和个体产生了更多的利益关系,同时也带来了相应的影响。正是由于对相关群体的利益造成了影响,所以无论有意还是无意,企业都应该对自己造成的影响负责。由此看出,企业的社会责任不仅仅是指企业需要创造利润、对股东承担法律责任,同时还要承担对员工、客户、社区和环境的责任。随着社会经济的发展,特别是我国市场经济体制的不断完善和发展,很多优秀企业通过自身的积极努力,竞争力不断增强,规模不断扩大,社会影响力也逐渐增强。很多企业特别是大企业出于自身长远利益的考虑,通过安全生产、开拓创新、坚守质量、注重服务、捐资助学、抗震救灾等各个方面,塑造了良好的企业形象,从而赢得了消费者的青睐。在当今社会,企业只有营造良好的社会生态环境,在追求利润的基础上,关注利益相关者的诉求,才能够实现企业的持续发展和基业长青。

环境的变化和企业经营目标的多元化给企业经营带来了巨大的挑战,企业需要寻找一种全新的管理思维和模式来适应这一变化。因此,企业为了实现适应时代的发展目标,不仅要注重技术的更新,更为重要的是对管理理念的反思,突破传统思维的约束,以新的视角来看待企业与利益相关者的关系,并从管理上做出相应调整。企业已经从实践中逐渐认识到,对任何组织而言,要想实现组织的成功发展,必须在管理理念与管理模式上做出相应的改变与回应。

在这种情境下,价值观管理从偏居一侧走到了舞台的中心。价值观管理被视作知识经济时代重要的管理工具有其必然性。在知识经济时代,企业赖以生存和发展的重要资源从"物"转变到"人",善用"人力资源"、懂得开发"人力资源"才能取得成功。甚至有人提出,人不仅仅是"资源",更是企业宝贵的"资产"。不过,对于人这种特殊的"资源""资产",要想获得其对企业的认同和忠诚,采取价值观管理便成为必由之路。价值观管理强调,领导者应该关注员工的价值观,并开发每一位员工、每一个组织成员的潜能来实现战略选择。实际上,由于价值观存在于每个个体之中,价值观管理的终极要义是将所有可能的利益相关者以价值观为核心凝聚起来。也就是说,通过价值观管理,让每个人认同企业的价值观,进而形成合力。价值观管理有助于加强企业内部员工之间的联系,因为具有相似的价值观,员工之间的联系会更加紧密,更具有凝聚力,更容易形成合力。人具有思维能力,能够能动地认知、判断世界。在人对世界的认知和评价的背后,是基本的价值观在起指导作用。一个人是否具有主动和尽责的价值观决定了他能否主动和尽责地工作。人是社会性动物,能够团结合作,也可能产生冲突。在人的合作行为的背后,要不要合作、选择与谁合作、怎么合作,同样取决于他们的价值观。在更加开放和复杂的环境中,谁能有效地管理价值观,谁就掌握了21世纪企业的生存之道。价值观管理也成为应对复杂和变化的终极武器。

外部市场环境的变化,使得企业面临的竞争更加激烈,要求企业必须持续不断地改进,采用更加灵活的组织结构和管理手段来适应变化。内部管理环境的变化使得企业必须要尊重员工,促进价值认同,调动员工的积极性,充分发挥员工的价值和作用。因此,企业要想实现永续经营和基业长青,必须要营造良好的社会生态环境系统,关注相关利益者的诉求。而这些问题的解决必须要在企业价值观的基础之上,采用科学合理的管理方法,实现价值观认同与各方的利益平衡,也就是价值观管理。所以,价值观管理是现实的需要,是时代发展的一种趋势。

第二节 价值坚守之果

一个企业的价值观与其历史和发展是密不可分的。美国 A. O. Smith 公司在 140 年的发展过程中,形成了自己的价值观。在 140 年的历史中,虽然公司的经营方向和规模都发生了巨大变化,但是公司,包括其中国的子公司——A. O. 史密斯公司,一直坚守其价值观,这也使得母子公司都得到快速发展和持续成功。

一、美国 A. O. Smith 公司的发展历程

美国 A. O. Smith 公司是一家拥有 140 年灿烂历史的跨国公司,在 140 年的发展历程中充满了挑战、机遇和辉煌。

- 1874 年,查尔斯·吉尔米亚·史密斯以机械师的身份开始创业,史密斯家族刚开始仅仅制造、经营婴儿车和马车的零部件,随着技术的发展,美国 A. O. Smith 公司渐渐开始制造自行车和汽车零件。

- 1902 年,美国 A. O. Smith 公司售出了第一个汽车车架。到 1910 年,公司生产了 11 万个汽车车架——接近美国整个汽车产业需求量的 2/3。1921 年,该公司拥有了世界上第一个可以自动化生产汽车底盘的工厂。至 1958 年,美国 A. O. Smith 公司共生产了 1.55 亿个汽车底盘,后来其工厂被评为美国机械工程历史名胜。

- 1936 年,美国 A. O. Smith 公司进入热水器生产领域。至 1968 年,该公司已经生产了 1000 万台家用热水器。2001 年 9 月,美国 A. O. Smith 公司

收购美国第三大热水器制造厂商——斯达特公司，进一步巩固了其市场领先地位。近80年来，该公司依靠领先的技术、优质的产品和完善的服务，已成为北美最大的热水器生产企业，是美国纽约证券交易所的上市公司（代码AOS）。

- 1998年，美国A.O.Smith公司在中国投资3 000万美元成立独资公司，立足于中国市场，其后追加投资建立从研发、生产到销售的完整企业体系，这就是今天的A.O.史密斯公司。

- 2013年，美国A.O.Smith公司全球营业额为21.5亿美元，在美国、墨西哥、加拿大、中国、印度以及荷兰等地设有工厂，全球雇员达11 400人。A.O.Smith品牌的热水器及供热系统凭着优异的品质、完善的服务，赢得了众多消费者的青睐，并被广泛地使用于全球的肯德基和麦当劳连锁店中，而且被美国政府指定用于其所有驻外使领馆。

在140年的经营与发展中，美国A.O.Smith公司虽然进行了无数次变革，但却一直坚守其价值观。在一次次的挑战与危机面前，A.O.Smith人凭借着坚定的信念和价值观把握住一次次机遇，迎来了今天的成功。

二、A.O.史密斯公司的辉煌成就

美国A.O.Smith公司1998年投资3 000万美元，在南京独资成立A.O.史密斯公司，从此开始全面进入中国热水器市场，并取得了快速的发展，但是A.O.史密斯公司在中国的发展也并非一帆风顺。自1998年，A.O.史密斯公司经历了初创期连续3年的亏损。据公司现任总裁丁威先生回忆，A.O.史密斯公司在中国最初的几年，营销管理方面采用的是粗放式管理模式，例如在分销渠道方面，公司根据经销商的需求提供货物，对经销商的信用缺乏考虑。于是，虽然销售额有所提高，但充满了浪费。在随后的

13年(2001—2013年)中,公司创造并保持了年均20%以上的销售额增长。截至2013年年底,A.O.史密斯公司的销售额已达5.6亿美金,市场销售额占有率达25%,在国内市场排名第一(见图1-1)。在中国当今的热水器市场上,无论从品牌、技术还是综合实力等方面来看,A.O史密斯热水器都是当之无愧的第一品牌。

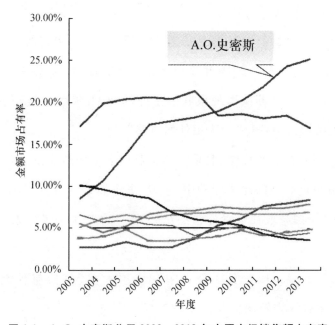

图1-1 A.O.史密斯公司2003—2013年中国市场销售额占有率

A.O.史密斯公司通过推行价值观管理,为员工提供体系缜密的培训和无微不至的关怀,为终端客户提供优质的服务,与上下游合作商保持着坦诚开放的沟通,不仅给企业带来了丰厚利润和快速成长,而且在公司内部和相关利益合作方心目中形成了高度的价值观认同,赢得了企业发展的社会资本。同时,A.O.史密斯公司在各种利益相关者中赢得良好的口碑,也受到社会各界的认可和尊重,并获得业界多项殊荣与奖励。

- 2007年,A.O.史密斯公司荣获"2007中国3C产品风云榜"最佳节能环保奖。

- 2009年,在第五届影响家电技术与消费趋势的创新成果推介发布会上,A.O.史密斯公司凭借新推出的产品——速热/储热二合一电热水器荣获2009年"影响家电技术与消费趋势的创新成果"大奖。该产品能在更短的时间产出大量热水且水温恒定,拥有了速热/储热两种模式合二为一的优势。

- 2010年,在博鳌·21世纪房地产论坛上,A.O.史密斯公司省电一半的超节能电热水器获得"2010年度最佳绿色节能技术突破创新大奖"。

- 2011年,在江苏城市晚报联盟主办的2011年度十佳雇主评选活动中,A.O.史密斯公司获得"十大最佳雇主奖"。

- 2012年,在智联招聘、北京大学企业社会责任与雇主品牌传播中心、金陵晚报等单位举办的评选活动中,A.O.史密斯公司荣获"2012年度最佳雇主""2012中国企业社会责任榜杰出企业""2012中国最佳人力资源典范企业"等大奖。

- 2013年,A.O.史密斯公司荣获多项大奖,包括前程无忧评选的"2013中国最佳人力资源典范企业""2013最佳企业社会责任典范",智联招聘评选的"2013年度最佳雇主100强""最受大学生关注雇主",同时还荣获"影响中国2013年度最具消费者信赖品牌""2013第一财经中国企业社会责任榜优秀实践奖""2013年中国家电行业突出贡献奖"和"2013年中国家电营销创新奖"。

- 2014年,在博鳌·21世纪房地产论坛上,A.O.史密斯公司智能保养提示型电热水器荣获"2014年度最佳热水器技术创新突破大奖",A.O.史密斯公司防一氧化碳中毒的家庭采暖系统当选"2014年度最值得信赖的家庭采暖系统"。

- 2014年,在教育部公布的大学生就业最佳企业评选结果中,A.O.史密斯公司荣获"2014年全国大学生就业最佳企业100强"。
- 2014年,A.O.史密斯公司荣获智联招聘联合北京大学企业社会责任与雇主品牌传播研究中心评选的"2014中国年度最佳雇主100强"。

面对不断变化的内外部环境,A.O.史密斯公司能够实现持续的快速增长和发展,最根本的原因是A.O.史密斯公司价值观管理的成功。A.O.史密斯公司通过价值观管理不仅成功地传承了美国母公司140年的价值理念,而且使员工在心理上认同公司的价值观,在行为中体现出公司的价值观,同时公司也得到持续的发展,并给客户、员工、股东和社会带来了价值。正如A.O.史密斯公司总结的那样:"坚守140年价值观与道德规范,筑就中国成功之路。"(见图1-2)

图1-2　A.O.史密斯之箭

第三节　价值坚守之道

A.O.史密斯公司在中国的快速发展和公司的价值观管理密不可分。它传承了美国A.O.Smith公司的价值观,并采用一套系统化的管理体系成功地将公司的价值观落地,实现了员工对公司价值观的认同。

一、A.O.史密斯公司的价值观内涵

(一) 美国 A.O.Smith 公司的价值观

价值观是一种信念,能够引导人们的行为,并且是持久的、不易改变的。企业的价值观是企业在经营过程中,经过长期的积淀,为企业员工所接受的共同信念。它不是一些词汇的堆砌,将会对企业的经营活动和员工的行为产生影响。

美国 A.O.Smith 公司的创立者史密斯家族,坚持诚实守信和厚德经营,制定了"Achieve profitable growth(争创利润,力求发展),Emphasize innovation(重视科研,不断创新),Preserve a good name(遵纪守法,保持声誉),Be a good place to work(一视同仁,工作愉快),Be a good citizen(保护环境,造福社区)"的价值观,并将该价值观恪守至今。

案例 1-1

美国 A.O.Smith 公司价值观综述

争创利润,力求发展

利润增长对于美国 A.O.Smith 公司未来的发展至关重要。要实现利润增长,我们必须做到:

- 给客户提供高品质的新产品;
- 为员工个人提供更大的发展空间,保证安全的工作环境;
- 为我们的股东提供持续增长的投资价值。

我们不仅追求超出平均水准的股东投资回报率,而且将按照既定方案进行发展,从而实现以下目标:

- 我们的业务部门将会具有各种不同却又彼此互补的增长率并造就一

家增长速度超过美国经济增长的公司；

- 资本增长的需求将由我们超出平均水准的投资回报率所带来的资金以及外部来源（如借贷和股东的投资）来实现。

重视科研，不断创新

创新是利润增长的主要来源之一。因此，我们将做到：

- 通过创新和持续改进，提升产品和服务对于客户的价值，从而在所有主要产品系列上都占据市场领导地位；
- 寻求技术创新之路，以提高整个组织的效能以及设备的生产力；
- 使员工在态度和技能方面得到提升，以促进参与和创新；
- 实现卓越的管理制度，以获得最佳的结果并明确公司未来的发展方向；
- 专注于以规范化的方式来实现盈利性的增长目标，降低风险。

遵纪守法，保持声誉

在与个人和组织的一切来往中，我们都将秉持诚信的原则。我们将做到：

- 在所有的宣传和广告中都实事求是；
- 公平对待客户、供应商、竞争者、政府和管理机构以及员工；
- 严格遵守所有法律，追求高尚的目标，拒斥不道德的行为；
- 在业务的方方面面都设定高品质标准；
- 使这些价值观在员工中代代相传。

一视同仁，工作愉快

公司运营时将吸引想象力和能力兼备的人才。我们在追寻目标的过程中既强调团队合作，也欢迎多元化。我们将做到：

- 营造尊重、以人为本的氛围；

- 既鼓励自由和个人发展,又注重自律和工作热情;
- 对待彼此一视同仁;
- 根据个人所做的贡献合理地支付报酬;
- 提供安全的设备、合适的材料和培训,并且始终强调安全操作。

保护环境,造福社区

为了对业务所在地的公众和社区提供服务,我们将做到:

- 努力实现发展,为所在地的社区经济繁荣做出贡献;
- 资助有意义的公益活动,并鼓励我们的员工亲自参与;
- 确保我们的工厂设施和生产运营符合环境标准;
- 通过一切合理的方式鼓励大家来保护和维持企业制度,这是完成以上目标的必要条件。

(二)A.O.史密斯公司的价值观

作为美国A.O.Smith公司的子公司,A.O.史密斯公司在中国的发展过程中传承并一直坚守母公司140年的价值观,这也是A.O.史密斯公司成功的关键因素。从1998年公司成立开始,该公司一直在推行价值观管理,即使是在1998—2000年的3年亏损期间,A.O.史密斯公司也始终坚持推行公司的价值观。尤其是丁威担任公司总裁后,更是加强了对价值观管理的推动。起初,公司采用直接翻译过来的母公司标准版价值观:争创利润,力求发展;重视科研,不断创新;遵纪守法,保持声誉;一视同仁,工作愉快;保护环境,造福社区。后来,管理层经过与员工沟通,发现翻译过来的价值观的表述不易于记忆。于是,丁威通过与管理层多次研讨,围绕"不改变内涵,直白、方便记忆"的原则,将母公司美国A.O.Smith公司的价值观凝练表述为"四个满意",即客户满意、员工满意、社会满意、股东满意。同时,A.O.史密斯公司认为,"四个满意"没有先后之分,公司在做出重大决策和日常管理时会一视同仁、同时考虑,绝不厚此薄彼。

1. 客户满意

A.O.史密斯公司深谙"客户是上帝"这一亘古不变的真理,将"客户满意"作为各项工作开展的出发点和归宿。为追求"客户满意",A.O.史密斯公司一直致力于技术创新和提升产品品质。A.O.史密斯公司始终坚持的一点是:聆听顾客的想法,发掘客户的需求,致力于设计并开发满足客户需要的技术和产品。哪怕只是客户的一个小小的抱怨,在A.O.史密斯公司的研发人员眼里都可能是一个灵感、一个启发。公司通过研发不断提高产品性能,不断提高产品的竞争力,满足客户需求,实现客户满意。同时,A.O.史密斯公司还把经销商作为自己的客户对待,积极采取措施为他们提供帮助,尽全力满足经销商的合理要求。目前,A.O.史密斯热水器在中国热水器高端市场中的占有率已名列前茅。"客户永远是对的,客户满意是我们的追求",这就是A.O.史密斯公司坚持的生存之道。

2. 员工满意

"员工满意"是A.O.史密斯公司全体成员共同遵守的行为规范。想要打好价值观的根基,"以人为本"这一重要理念是必不可少的,因为企业现在和未来的价值是由企业与员工共同创造的。A.O.史密斯公司认为,坚持"以人为本"的信念,必须关注员工满意。"五项基本原则"和"用心管理原则"(详见案例6-1)是A.O.史密斯公司在管理与沟通中的基本原则,其目的是营造良好的沟通氛围,使得无论是上下级还是普通员工之间的工作交流更加职业化和高效率,这样既降低了时间成本,使得交流更加顺畅、及时、有效,同时也降低了由于沟通不畅所带来的矛盾激化的可能性。通过多年的持续推行,"五项基本原则"和"用心管理原则"已经成为员工处理日常事务的基本行为准则,并成为大家的共识。此外,对于员工特别关心的薪酬福利和晋升等问题,A.O.史密斯公司在管理过程中,始终坚持听取员工的意见,积极改善相关政策、实践,做到公平公正、与时俱进。

3. 股东满意

企业以营利为基本目的,在满足客户、激励员工和回馈社会的同时,企业必须重视利润,让股东满意。如何让股东满意呢?这一点主要体现在对利润的合理追求,即 A.O.史密斯公司价值观中所说的"争创利润,力求发展"上。为了实现股东满意,A.O.史密斯公司不仅通过创新管理,积极寻找有效的方法,使销售增长率、投资回报率和平均销售增长率位列行业第一,而且还通过加强内部成本管理,在2008年金融危机的大背景下完成了"消除浪费3 000万"项目。良好的市场绩效使得"A.O.Smith"已经成为中国热水器市场最为知名的品牌之一,快速健康发展的势头兑现了 A.O.史密斯公司一直秉承的让股东满意的承诺。

4. 社会满意

根据利益相关者管理理论,企业不应仅仅追求自身利润的最大化,而应该将社会利益也看作企业利益的一部分,把自身看作社会的一分子,关注社会、造福社会、回馈社会。一方面,公司不断地追求产品质量,通过产品创新,为社会提供清洁、环保和节能的绿色产品。另一方面,为了永续经营,A.O.史密斯公司在自身发展的同时,始终关注对社会的回报。从基本的廉洁经营、按章纳税到服务社区、热心公益,它都全力以赴,通过形式多样的活动实现社会满意。

二、A.O.史密斯公司价值观管理简介

如果你走进 A.O.史密斯公司,就会感受到公司里充满浓厚的文化氛围,而且会发现在公司里到处可以看见与公司价值观有关的材料、海报等;如果你和A.O.史密斯公司的员工接触,就会发现员工的言辞和行为中处处体现着公司的价值观,而且是发自内心的;如果你和A.O.史密斯公司的经销商交流,就会发现经销商对A.O.史密斯"四个满意"的价值观赞不绝口,并且很多经销商都积极地学习它的价值观管理。A.O.史密斯公司通过价值观管理不仅让员工逐步内化公司的价值观,而且还使经销商、供应商等外部利益相关者高度地认同公司的价值观。由此可见,它的价值观管理异常成功。抽丝剥茧,我们发现A.O.史密斯公司主要通过规范化的制度等因素保障价值观管理的推动,同时,通过公司与各利益相关者的协同努力,坚持采取系统的管理实践并持续推动,促进价值观管理的成功。

(一)价值观管理保障体系

A.O.史密斯公司提出"四个满意"的价值观,主张企业在经营决策过程中要同时考虑员工、股东、客户和社会的利益,不能厚此薄彼。要想实现价值观管理的成功,就需要相关各方积极地参与到价值观管理的过程中来。而只有保障了员工、股东、客户和社会的核心利益,才可能使价值观管理顺利开展。

1. 保障客户核心利益

客户购买产品,首要关心的便是产品的质量是否合格。热水器看似普通的家电产品,却事关消费者的生命财产安全。如果存在设计缺陷或质量问题,就可能引发火灾、触电等安全事故。因此,A.O.史密斯公司坚持对产品高品质的追求,以确保产品质量万无一失。公司从产品研发阶段就开始考虑质量,在生产环节进行严密的质量控制,在安装环节遵守规范的程序,形成完善的质量保障制度,确保客户可以放心使用其产品。此外,公司非常重视为消费者和经销商提供良好的服务:为了及时响应终端客户消费者的需求,认真解决消费者提出的问题,公司成立了行业内首家客户关怀中心,提供热线服务;为了帮助经销商共同成长,公司非常关注经销商的需求,为经销商建立IT系统,有针对性地向经销商进行人力资源管理输出。

2. 保障员工核心利益

要想员工积极为企业奋斗,企业就要注重保护员工的核心权益。而薪酬福利和晋升可谓是影响员工满意的核心要素。A.O.史密斯公司抓住核心要素,坚决维护企业薪酬分配及晋升程序的公平公正。公司专门制定了详细的薪酬福利保障制度、内部竞岗制度、班组长选举制度、述职制度、岗位评价制度和沟通制度等,通过"白纸黑字"将保障员工核心利益的工作落实到位。在企业的管理过程中,这些制度的权威性不容任何人挑战。正是对员工核心利益的重视,才使得员工积极地参与到公司的价值观管理过程中来,逐步地认同并内化公司的价值观。

3. 保障股东核心利益

股东作为公司的出资人,必然关心公司的经营绩效。A.O.史密斯公司非常重视股东权益,希望通过为股东带来资产增值,维护他们的核心利益。公司提倡"通过研究,寻找一种更好的方式",主张利用技术创新获得差异化竞争优势,专门建立研发创新制度,不断地推出优质畅销的产品,为股东带来高额回报。此外,还通过传承并完善其母公司美国A.O.Smith公司的价值观推动活动制度、持续改进(Continuous Improvement,CI)制度来进一步调动员工的工作积极性,从而为公司带来高绩效,进一步保障股东的核心利益。

4. 保障社会核心利益

社会为公司的发展提供了平台,特别希望公司能够合法经营,从而增加社会财富,提高人类福祉。A.O.史密斯公司深感作为社会的一分子,就要承担起相应的社会责任:在产品的生产过程中,它在严格保证产品质量的基础上,通过加大研发和创新力度,致力于开发环保节能的产品;在公司的经营过程中,它坚持按章纳税,守法经营;此外,公司全力推进廉洁保障制度的建设,利用美国母公司提供的第三方独立机构的"正直热线",鼓励全体员工对公司的运营管理过程进行监督。A.O.史密斯公司力图通过多方面的努力,保障社会的核心利益,实现社会的满意(见图1-3)。

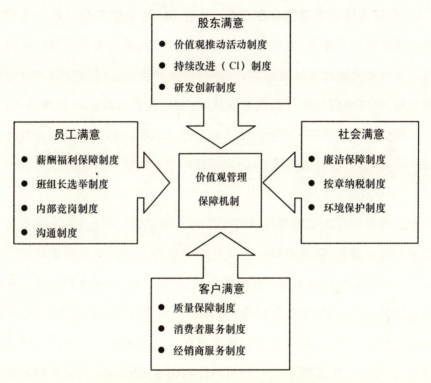

图1-3　A.O.史密斯公司价值观管理保障机制

(二)系统的价值观管理实践

A.O.史密斯公司的价值观管理不是简单地依靠培训或者激励等单一的管理手段和方法,而是构建了一个由多种相互关联和相互影响的管理实践构成的价值观管理体系。并且,公司对该体系的每一项实践不断地改进和优化,进而提高整个价值观管理体系的效用,实现员工对公司价值观的高度认同。这套管理体系包括领导力提升、领导示范、员工招聘与培训等七个方面。

1. 领导力提升

领导者是影响公司价值观管理能否成功的关键因素。只有得到他们的高度重视,才能扫除阻碍推行价值观管理的障碍;只有依靠他们的有效管理,才能保障价值观管理的有序开展。为此,A.O.史密斯公司建立了形式多样的领导力培训体系,主要包括初级领导力培训和高级领导力培训两大板块。公司希望通过领导力培训,一方面使领导者对公司的价值观有更深层的理解,促进他们对公司价值观的认同,激发他们对价值观管理的重视;另一方面使领导者能够更加全面地认识自我,发现自身的不足,提升自己的素质和能力,掌握有效的领导方法,进而提高工作的效率和效果。

2. 领导示范

推广价值观需要领导者与高管团队的不懈坚持。在公司中,由于员工往往向领导者看齐,领导者的一言一行都会对员工产生潜在的影响,因此,领导者不仅要扮演好协调和指挥的角色,还应起到榜样、示范的作用。在价值观管理的过程中,如果领导者嘴上要求员工遵守公司的价值观,自己在实际行动上却前后不一,那么员工在被迫遵守公司价值规则的同时必然会心生埋怨,内心里会很抵制和反对公司所推行的价值观;相反,如果领导者言出必行,在所有的行为中始终坚守公司的价值理念,那么员工必然会以领导者为榜样,学习、认同、遵守公司的价值准则。在A.O.史密斯公司推行价值观管理的过程中,总裁丁威坚信A.O.史密斯公司的成功就是对"四个满意"价值观的坚守和践行,并始终强调公司要同时实现"员工满意、股东满意、客户满意和社会满意",不能厚此薄彼。在实际行动中,丁威不仅以身作则,更要求其高管团队也在工作中带头践行。高管团队按照丁威的要求,不仅做任何决策都以"四个满意"为标准,还积极引导下属遵守公司的价值观。因此,在A.O.史密斯公司,高管团队对公司价值观的认同和执行,影响着员工对公司价值观心理认同的程度和行为中对价值观执行的力度。

3. 员工招聘与培训

由于价值观作为一种持久信念,不易被改变,因此,A.O.史密斯公司在招聘过程中,除了评判应聘者的各项技能水平外,特别重视考察他们是否认同公司的价值观。公司希望通过招聘吸引认同公司价值观的求职者,排除与公司价值观冲突较大的应聘者。虽然按照价值观的标准进行筛选,可能会失去许多技能特别优秀的人才,但公司并不觉得可惜,因为公司认为技能是可以通过学习掌握的,但获得与公司价值观较为一致的人才是相对比较困难的。当员工进入公司后,A.O.史密斯公司会提供一系列多样化的培训,包括岗位培训、技能培训等。公司还聘请包括副总在内的高管作为管理培训生的辅导员,将培训效果与高管的工作绩效挂钩。公司希望通过培训,让员工知道A.O.史密斯公司的价值观是什么,并能从深层次上理解其价值观,并在此基础上促进员工对公司价值观的认同。

4. 价值观导向的行为规范

工作规范作为一种强制要求,能够有效地引导员工的行为,保障公司经营活动的有序开展。因此,A.O.史密斯公司特别注重行为规范的建立和开发。在价值观管理的过程中,公司围绕"四个满意"的价值观,制定了能够体现价值观和可以强化员工认同公司价值观的多种制度规范。例如,公司的考核和晋升制度,明确地规定要对员工的价值观进行考察,一方面体现了公司对价值观的重视,另一方面积极地引导员工要表现出符合公司价值观的行为。除此之外,公司在执行过程中不断地接收实时的反馈,根据实际情况逐渐完善制度体系,确保其对员工不符合价值观的思想和行为起到约束作用。

5. 文化浸润

A.O.史密斯公司通过推动文化建设,形成浓郁的价值观氛围,推进员工对公司价值观的认同。A.O.史密斯公司围绕着公司价值观开展的文化活动可谓是多种多样的,从2002年起,公司鼓励员工参与美国母公司举办的全球价值观推动活动,从中评选出价值观推动活动中优秀的团队和个人,获得价值观推动活动大奖的团队和员工将赴国外旅游参观学习;CI项目也是A.O.史密斯公司的一大特色,公司通过鼓励全体员工参与工作过程中每个环节的创新,为顾客提高产品和服务质量,降低费用成本,并给予员工一定的CI积分作为奖励,员工获得的CI积分不仅可以兑换各种实用奖品,更可以作为工作考核和晋升的重要参考标准。此外,公司还通过举行家属日活动、寄送《A.O.史密斯通讯》到员工的家中等活动,将公司价值观融入到员工的日常生活之中,让员工浸润在公司价值观之中,促进员工学习、认同和贯彻公司的价值观。

6. 关爱员工

员工是公司的宝贵财富,也是公司价值观的继承者与传递者。公司推行价值观管理的根本目的就是让公司员工从内心深处认同公司的价值观。然而,要达到这一目的,公司就一定要从员工的核心利益视角出发,真正地为员工着想,关爱员工,让员工感知到自己的核心利益是被公司重视和关注的,只有这样员工才能从内心深处认同公司的价值观。A.O.史密斯公司在进行价值观管理的过程中,一直在关注和关爱员工,公司在制定任何决策时都会同时考虑员工的利益。比如,在员工岗位调整上,公司不是只从公司利益的角度来进行决策,还会从员工的需求来决定员工的流动;在生产安全上,公司不仅从生产安全会给公司带来损失的角度进行考虑,还注重考虑安全问题对员工自身所造成的伤害。因此,公司不仅加大安全生产的制度教育,增强员工的自主保护意识,还注重超前防范隐患,使员工在生产过程中的个人安全和利益也得到了保障。

7. 价值观外化

A.O.史密斯公司认为,公司的成功与经销商是密不可分的。经销商直接决定着产品的销售,在很大程度上对公司市场份额的获取产生了影响。因此,为了实现经销商行为和公司目标的一致性,A.O.史密斯公司的价值观管理突破了传统的组织边界,不单只是在公司内部实现价值观认同,在与公司相关的经销商之间也实现了价值观的无缝对接。A.O.史密斯公司每年的营销大会都会邀请经销商共同参加,与他们分享管理经验、管理模式以及公司的价值观,为经销商提供价值观培训,使经销商认同并践行公司的价值观。

A.O.史密斯公司的成长与发展源于公司对价值观的坚守和有效的贯彻执行,尤其是在中国市场的成功,价值观管理起到了不可替代的重要作用。正如丁威在"坚守140年价值观和道德规范,铸就A.O.史密斯中国成功之路——AWE 2014渠道商大会暨'艾普兰奖'颁奖礼"上所说的那样,"我们在中国这十五六年经营下来感觉非常顺利,市场的机会非常大,空间非常大,我们和客户建立了战略深度合作关系,员工黏度非常好,价值观落地非常有效。跟大家共享的是价值观有效的做法以及持之以恒、长期坚持价值观,让它落地生根"。价值观管理的真谛不是仅仅让员工在行为中体现出公司的价值观,更要让员工在思想上认同公司的价值观。A.O.史密斯公司价值观管理成功的原因是公司的价值观管理是在平衡各方利益的基础上,采取全方位的、持续性的管理,从而最终实现员工对公司价值观的认同。

价值观管理不仅需要清晰的定位、有效的管理、持续的改进，还需要长期的坚守。有效的价值观管理有助于迅速扩大公司的经营规模，有效提升公司的市场地位，也可以满足客户、员工、股东和社会等各利益相关方的利益诉求，帮助企业真正实现其作为经济社会中一个成员的价值。

■ 小结

　　如今，公司对外面对着全球经济一体化和信息技术的飞速发展，对内面对着员工个性化程度的加深。传统的"指令控制"式的管理手段在当下可谓"捉襟见肘"，时代召唤公司通过价值观管理使员工越来越多的自主工作行为能够符合公司的根本理念和原则。A.O.史密斯公司传承了美国母公司的价值观，在16年的价值观管理中，始终坚持诚实守信和厚德经营，用对"四个满意"的坚守和践行换来了公司今天的成功。A.O.史密斯公司通过推行系统的价值观管理，最终实现了公司价值观的成功落地，使员工高度地认同公司的价值观。

PART TWO

第二篇

身教言传

管理者在推行价值观管理时,常常心生困惑:为什么在践行价值观的过程中,公司的高管们会觉得心有余而力不足?为什么员工的积极性不高?

A.O.史密斯公司认为:领导者对价值观的强调,会提高全体员工对价值观的重视和认可;领导者对价值观的以身作则,会激发全体员工践行价值观的积极性和热情。

打铁先要自身硬,践行先要有标杆。

第二章
领导力提升

• • • •

领导力是一种特殊的人际影响力。组织中的每一个人都会影响他人，也会受到他人的影响，因此，每个员工都具有潜在的和现实的领导力，尤其是企业的管理者。管理者要带领员工在复杂多变的市场环境中不断前行，除了要具有雄心伟略、高瞻远瞩，还要具备以人为本的理念，制定相应的战略目标、方针和政策的能力。然而，一些管理者没有经过专业的领导能力和管理技能培训，对领导和管理知识缺乏系统的理解及掌握，导致领导水平受到局限，影响企业的长远发展。因此，对企业来说，提升管理者的领导力尤为重要。本章介绍A.O.史密斯公司以"用心管理"为基础的初级领导力培训，以及以"超越私利的目的、关爱员工和公平公正"为领导力三要素的高级领导力培训：管理者如何管理自己的生活，如何与员工相处；管理者如何保持始终如一的、值得信赖的行为，以此向员工捧出真诚关爱之心，换取员工对企业的忠诚与敬爱之心。

第一节 初级领导力培训

彼得·德鲁克将人作为管理的中心，同时，又把人的管理中心圈定在"人心"上。而"心"是如何发挥管理功能的呢？德鲁克认为：第一，让"心"

思考使命；第二，根据使命制定目标；第三，"心"要按照目标组织资源；第四，"心"与行结合起来，把资源变成结果。这就是德鲁克所说的有关"人心"的管理之道。在他看来，领导要靠"心"，指挥要靠"心"，决策还是要靠"心"。"心"具有一种普遍的管理职能。只有发挥"心"的功能，才能使管理落到实处。A.O.史密斯公司认为，每个员工都希望管理者能倾听他们的心声，能友善地对待和帮助他们。因此，公司的初级领导力培训就是告诉所有的管理者如何换位思考，如何站在员工的角度处理和解决问题，即用心管理。

一、用心管理

A.O.史密斯公司认为，管理者对待员工的方式是影响员工满意度及生产率提高的主要因素。对于任何一位员工而言，他们在付出努力、创造价值的同时，更需要通过从事具有挑战性的工作来获取成就感、领导者的赏识和认可。"倾听并理解我；即使你不同意我，也请不要否定我这个人；承认我的伟大之处；记得寻找我良好的意图；用怜悯的心告诉我事实的真相"，这是A.O.史密斯公司向管理者讲述如何管理自己的生活以及如何与员工相处的原则，也是用心管理的主要内容。

首先，要学会"倾听并理解我，即使不同意我，也不要否定我这个人"。任何一位员工都渴望别人的倾听和理解，没有员工喜欢自身的价值受到质疑。A.O.史密斯公司有多种倾听员工心声的方法：跨级别沟通大会、邮件沟通、电话沟通等，员工可以根据自己的情况进行选择。A.O.史密斯公司高管的办公室始终对外开放，员工只要有想法就可以和领导面对面地交流。在沟通的过程中，任何一位员工都可以提出问题，对于普遍存在且影响较大的问题，管理层会偕同相关部门共同制订行动计划，并推进解决。A.O.史密斯公司要求，在沟通的过程中，管理者要充分尊重员工，即使不认同员工的观点,也绝不能因此给员工"贴标签",否定员工个人。比如,在一次员工大会上,一位员工提出,"按照相关法律规定,员工工作满10年才能享受10天的假期,工作10年以内的员工只能享受5天的带薪假。虽然这是法律规定,但却不能提高我们对公司的满意度"。这种情况如果发生在一些企业里面,结果可想而知,该员工所提出的问题不仅不可能得到答复,而且还有可能被认为"不好好工作""只想偷懒"。但在A.O.史密斯公司却截然相反:高层管理者在做了调查以后,给出了解决方案,即"在保证工作效率的前提下,工作满2年就可以享受10天的带薪假期"!对于员工而言,这是多么令人难以置信、多么让人欣喜的事情啊!

  其次,要"承认我的伟大之处"。A.O.史密斯公司认为,公司的每个员工都有其伟大之处,而且他们希望通过自己的努力换取公司的认可。当员工感觉到公司相信他们并且期待他们能有更好的表现时,他们就会倾向于努力发挥自己积极的潜能。《通过研究,寻找一种更好的方式——A.O.史密斯公司的历史》[1]第一页就明确指出:"美国A.O.Smith公司的历史就是对员工信任的历史,史密斯家族周围全是富有才干的熟练工人,史密斯家族也坚定地相信这些员工凭借他们的才干可以把事情做得更好。事实证明,这种信任使公司能够长期、一次次地从那些能吸引全世界目光的技术创新和产品设计中获得回报。"A.O.史密斯公司深信,每一位员工都有其闪光之处,而正是这些闪光之处,促使A.O.史密斯公司获得了一次又一次的高速发展:大到2008年金融危机时期的"3 000万降本项目"的完成[2]、每年获得的多项专利,小到随处可见的细节创新、持续改进等,这一切无不证明,每一

---

[1] 该书在A.O.史密斯公司被称为"紫宝书"。
[2] 为应对2008年下半年爆发的金融危机,A.O.史密斯公司在2008年12月由设计部、财务部和生产服务部主管牵头,自发成立了重大改进改善项目组,并通过1年的努力成功实现成本降低3 558.5万元,在很大程度上缓解了公司面临的压力。

位员工都有其闪光的地方,员工才是企业发展最宝贵的财富。

再次,要懂得"寻找我良好的意图"。如果管理者能够发现员工正面或者良好的动机,就能减少不必要的偏见。对员工而言,若管理者承认他的动机是好的,员工还会有多大的不满呢?运用这一原则能够使冲突的处理过程变得平稳而和谐。A.O.史密斯公司认为,每一位员工来到公司,都希望有所发展,都希望把工作做好,即便是出现失误,也可能是为了"寻找一种更好的方式",绝不是有意而为之。所以,A.O.史密斯公司不会仅因员工一时的失误即给予其惩罚。举例来说,一位新来的培训师曾在培训公司新入职的应届毕业生时组织了一个活动,很多参加培训的员工都积极主动,唯有一位员工坐在下面一动不动,理由是"不想参与活动"。该培训师认为该员工的行为影响了培训的整体效果,就责令该员工在此活动过程中站在培训室后面。培训结束后,人力资源部的主管就此事找到了负责此次培训的培训师。询问之下,该培训师认为,"新入职的应届毕业生是需要立规矩的,否则不利于职业化",但主管告诉他,"A.O.史密斯公司的企业文化是尊重员工、公平公正,每个员工做任何事都有'良好的意图'。让员工罚站的做法和公司'四个满意'的价值观不相符。如果对方不参加,可以询问他是什么原因,是环节设计得不好还是有其他原因。在公司,员工有自由选择的权利"。主管的话让培训师开始反思:"也许确实是自己所设计的环节不具有足够的吸引力,员工可能更希望参加的是对他们有影响力的培训活动,在员工不愿意参加的情况下,不应采取一些惩罚措施强制员工参与,而是应该真诚地去询问其不参加的理由,征求对方的意见和建议,寻找对方良好的意图。"后来,该培训师在工作中都会主动询问员工的意见,妥善安排有效的培训内容,之后开展工作日志、工作记录等培训活动均取得了较好的效果。

最后,要"用怜恤的心告诉我事实的真相"。众所周知,表扬一个人非常容易,但是当管理者向员工传达消极的反馈意见时会非常难,如果掌握不好分寸,可能会影响员工的工作积极性,甚至可能会造成员工离职。因此,在就负面情况与员工交谈时,管理者要"对事不对人",充分体现对员工的尊重和关爱,给员工保留自尊和自我价值感,这不仅有利于问题的解决,还有利于建立和巩固良好的人际关系。因此,在对员工进行批评的时候,A.O.史密斯公司要求管理者采取有效的方式,用"怜恤的心告诉我事实的真相"。管理者用真诚的心告诉员工问题出在哪里,让员工深切地感知到管理者告诉自己的问题所在,不是为了惩罚,而是为了帮助自己。通过这种方式,员工自然会心存感激,用积极的行为来回报公司。

二、领导力五模块

管理之道不在于使用繁杂的管理理论与方法,不在于制定形形色色的企业规章制度,而在于获取人心。只有得到了人心,管理才能发挥其最大的威力。为了让"用心管理"发挥出巨大作用,A.O.史密斯公司通过以公司文化、沟通、信用、一对一管理等为主的初级领导力培训,教授管理者如何向员工捧出真诚关爱之心,以此换取员工对企业的忠诚与敬爱之心,这也是A.O.史密斯公司发展的动力之源。

(一)公司文化

企业文化建设的根本目的是把员工塑造成"企业人",这就需要把优秀的企业文化内化为员工的思维模式。因此,员工对企业文化进行深入了解就显得尤为重要。A.O.史密斯公司初级领导力培训的第一个模块就是介绍美国A.O.Smith公司的文化发展史,让每一位员工明白公司的企业文化尤其是企业价值观的内涵、构建这样的企业文化和价值观的作用,以及员工个人的行为如何体现企业文化和企业价值观。

（二）沟通

松下幸之助曾经说过：企业管理过去是沟通，现在是沟通，未来还是沟通。作为小组成员，能否高效工作并与其他人建立合作关系，人际沟通是关键性的决定因素之一。通过人际交流和沟通的"周哈里窗"①，可以展示出哪些是接受或者给予自己或者他人的信息，还可以确定这些信息的类型：哪些是有关自己的、公开的和一般的信息，哪些是隐藏的信息，哪些是别人知道而自己不知道的关于自己的信息以及自己和他们都不知道的信息。如果想要增加那些关于自己的、公开的和一般的信息，就要进行有效的沟通：要努力缩小自我认知的私人领域，扩大公众领域；还要接受他人反馈，通过他人直接表达对自我无意识领域的认知，赢得更好地了解自我的可能性，进而共享更多的信息，产生凝聚力，产生信任。在沟通过程中，高效的倾听至关重要。一个优秀的领导者、一个高效的领导者，一定是一个优秀的倾听者，他们深知发挥领导力和影响力的主要途径之一是倾听，他们既专注于信息中的事实（内容），又专注于感觉（情感）。倾听是一种态度，领导者只有注重倾听，怀有谦卑之心，真诚地和下属进行交流，双方才能够达成共识，形成合力。在A.O.史密斯公司，除了跨级别交流大会等倾听员工心声的方法以外，公司还聘请南京麦斯顿（Milestone）领导力咨询有限公司的总经理公言非②每年以独立第三方的身份对A.O.史密斯公司的员工进行访谈，美国A.O.Smith公司还委托HSD（Human Systems Development）公司每两年做一

---

① 周哈里窗（Johari Window）是由心理学家鲁夫特与英格汉提出的，"窗"是指一个人的心。周哈里窗展示了关于自我认知、行为举止和他人对自己的认知之间在有意识或无意识的前提下形成的差异，由此分割为四个范畴，即面对公众的自我塑造范畴、被公众获知但自我无意识范畴、自我有意识在公众面前保留的范畴以及公众及自我两者无意识范畴，并据此把人的内在分成四个部分：开放我、盲目我、隐藏我及未知我。

② 2001年12月，公言非加入A.O.史密斯公司，担任人力资源部总监；2012年12月，公言非因个人发展需要离开A.O.史密斯公司，创办了南京麦斯顿领导力咨询有限公司。

次全球敬业度调查,帮助公司发现存在的暗点。公司会根据调查结果对绩效管理、奖励和认可制度、费用补助、培训制度以及沟通体系等有关计划进行相应改动,这也为企业开启了新的机会之门。

(三)信用

守信于人是管理者的美德。在工作过程中,管理者以诚信待人处事,员工才会以诚信回报,彼此之间才会形成巨大的凝聚力。英国管理学家罗杰·福尔克说过:"世界上最容易损害一个领导者威信的莫过于被人发现在进行欺骗。"作为一名管理者,要心怀诚信,兑现不了的,不要轻易许诺。在A.O.史密斯公司,信任的建立从协议开始。A.O.史密斯公司最大的经销商、南华集团管理中心总经理孙乃树在谈到最初选择做A.O.史密斯公司的产品代理商时说:"制定清晰、具体的协议并严格遵守是A.O.史密斯公司给我的最深的印象。在公司,只要是协议约定好的,管理者就一定会恪守诚信,说到做到。多年的合作也使我们坚信A.O.史密斯公司是值得信任的公司,A.O.史密斯公司的领导是值得信任的领导。"一位老员工说:"公司在成立之初,因对中国市场不了解,连续3年亏损。公司不仅没有少发员工工资,而且还按照当时的通胀情况涨了工资!这在当时是想都不敢想的事情啊!从那个时候开始,就觉得这个公司和其他公司不一样,是真心对员工好。"在公司,只要有问题都可以提,能现场解决的就会现场解决,不能现场解决的会公布出具体的解决方案,包括责任人、完成的具体办法、完成的具体时间,即便是很小的事情如吸烟区、浴室更衣室的改善等都能在员工提出之后、在规定的时间内很快给予解决。可见,在A.O.史密斯公司,领导不会空喊口号,而是将价值观理念具体落实到实际的行动之中,以此获取员工对公司的信任。

(四) 一对一管理

A.O.史密斯公司的管理者会将大量的时间和精力集中于咨询、辅导和告诫下属等与员工一对一的管理活动上,以帮助员工在其职业发展上不断成长。

作为一种管理技巧,咨询是管理者帮助下属解决由下属提出的、没有明确答案的个人问题或者与工作相关问题的一种方法。A.O.史密斯公司要求每一个管理者在面对下属的询问时,只要在专业范围内,都要提供切实的帮助。如果在专业范围外,则应该提供相关资源,帮助下属寻找解决问题的方法。但是不管何种情况,管理者都需要记住的一点是:自己的责任是帮助下属探讨问题并找出解决问题的方法,而不是提供解决方法。

A.O.史密斯公司对辅导的定义是"与人谈话以帮助其提升表现的过程"。A.O.史密斯公司认为,所有的管理者都有责任帮助他们的员工提升表现,因此辅导应由管理者发起。比如,如果管理者发现某位员工所做或者将要做的事情降低了他本应该有的效率,那么管理者就有责任和他谈谈,同时遵循有效辅导的五个步骤(详见表2-1),帮助他寻找解决问题的方法。

表 2-1 有效辅导的五个步骤

阶段	内容
准备过程	(1) 建立和谐的关系:确定此员工知道你认可他的工作并且你是真心想帮助他提升表现。 (2) 表明你的意图:告诉此员工你想谈一些会对他有帮助的事情。
对当前表现给予反馈	(1) 根据你的所见描述此员工的当前行为,对他的表现进行评估,而非对其个人。要给予具体的正面反馈,并集中在此人已经表现不错的方面。 (2) 指出并描述哪些具体的行为需要改进。要简洁明了,不要遮遮掩掩或者贬低改进的重要性。要明确表达你要做的是帮助此员工提升表现,而非惩罚。
给予改进建议	详细描述并且具体解释那些你认为会比当前行为更有效率或者会提高效率的行为,说明为什么这些行为是有效的,以及此员工在改进中会获得什么。

(续表)

阶段	内容
倾听并认可	（1）如果你的建议受到挑战，不要产生防卫心理，因为很少有人能不带任何情绪接受批评或者改变。 （2）使用倾听确认来解释此员工刚刚告诉你的事情，表明你已经理解了。在整个谈话中多次使用倾听确认比与此员工谈完后做一个长的概括效果更好。
达成协议	共同设立行动计划，包括设定明确的目标以及安排好后续的行动方案。

在A.O.史密斯公司，当员工犯错时，管理者会采取积极的方式进行告诫。在工作中，常常会遇到员工做错事的时候，做错事的员工本来就已经心存愧疚，这时，如果管理者再厉声责备他，对他来说，无疑是雪上加霜，一般人听到责难时很容易失去信心，甚至会离职。相反，如果此时管理者让员工明白，对他们的训诫只是"对事不对人"，"是为了帮助他提高而非惩罚"，则不但可以起到批评、提点的作用，更可以使犯错的员工心存感激。所以，对管理者来说，为了避免出现员工离职等不良后果，事先就要想好如何告诫对方。当然，如果员工行为触犯了A.O.史密斯公司的红线，则应立刻辞退。比如，A.O.史密斯公司以前的一个经理，向代理商要好处费，要求代理商每隔一段时间向他账户上打钱，后经审计处审计核实后，公司坚决辞退了这个经理。

（五）管理者责任

彼得·德鲁克说过：管理就是责任。他认为，管理者和员工在本质上相同，只有责任上的差别。所有的管理难题，都是因为责任意识淡薄或丧失所产生的。破坏管理者责任心的是对权力的追求，管理者一旦权力欲望升温，其责任心肯定下降。哈佛管理语录中有句名言：最好的领导者，既能对自己负责，也能对别人负责。勇于承担责任的领导者能够获得更多的认同，不仅使下属有安全感，而且会使得下属进行反思。A.O.史密斯公司认为，即使是员工的问题,领导也要承担100%的责任。在工作中,员工难免会出现错误,这个时候如果管理者说"一切责任在我",员工的心里是何等感激！相反,如果遇到问题,管理者相互推卸责任,这种表现就会直接导致员工信心的丧失和士气的低落。当然,管理者不是圣人,也会有犯错误的时候,比如,决策制定失误、职务安排不当、任务分配不合理等,最终都可能导致管理工作质量的下降,甚至会影响到组织目标的实现。在面对这些错误的时候,管理者不能回避,更不应该将责任转嫁到下属头上,而是应该主动去承担。当员工看到管理者在错误面前的积极态度时,他们更多的是关注管理者的这种精神及其表现,而忽略了管理者先前所犯的错误。所以说,管理者敢于承担责任,能够使其在不利环境中赢得更多的员工认同和赞美,不管这位管理者走到哪里,他们都愿意跟随。

通过初级领导力培训,A.O.史密斯公司的管理者不仅可以和经验丰富的咨询师进行交流,而且学会了如何关爱下属、如何增强团队建设等。初级领导力的培训过程也是"四个满意"价值观的诠释过程,能够加深员工对"四个满意"的理解和认识。一位参加过初级领导力培训的员工总结说:"初级领导力培训教会我很多东西,如凡事尽量发现别人的优点,遇事尽可能地换位思考,要保持良好的心态,多做冷静而理性的分析,注意尊重、维护他人的自尊和自信,改善自己的行为,等等。初级领导力培训给我们打开了真正认识管理的窗户,通过看似柔性的方法,我们可以拥有更强大的力量！"

第二节 高级领导力培训

A.O.史密斯公司认为,领导力不是领导者业绩,不是思想,也不是领导者的个人魅力,而是领导者面对下属时始终如一、值得信赖的行为,发展领导力就是改善领导者的领导行为。A.O.史密斯公司开展的高级领导力培训就是对高层管理者领导行为的进一步改善。作为管理者开展工作的重要基础,如何给予下属有效的反馈是影响领导力提升的重要因素,因此,A.O.史密斯公司的高级领导力培训在教授高层管理者如何进行有效反馈的基础上,从"超越私利的目的、关爱员工和公平公正"三要素来提高受训者的领导力。

一、有效反馈

及时有效地反馈能体现一个人的工作态度,增进双方之间的沟通,减少工作过程中不必要的曲折延误,从而大大提高执行效率。A.O.史密斯公司认为,有效反馈应该遵循 SBI 三步骤:

(1) S(Situation)是指情景,描述反馈者观察到被反馈者行为的情景;

(2) B(Behavior)帮助被反馈者了解反馈者观察到的行为,不要评论,仅是描述;

(3) I(Impact)是指与反馈对象分享他的行为对他们造成的影响。

实践证明,基于 SBI 的反馈行为能够有效地提高沟通效率,减少误解,同时也能降低接受者的防卫心理,使他们更容易接受反馈行为。曾有一位员工告诉丁威:"您在吃饭时(S),总是低着头、端着盘子找角落坐下来(B),这会让员工对您产生一种疏离感和畏惧感,大家都不敢接近您(I)。"事实上,对于丁威而言,他自己不曾意识到该问题,但是经过 SBI 模式的有效反馈以后,他立刻改掉了这一行为方式,在很大程度上降低了员工对他的误解。管理者一旦通过员工的视角来认识自己,就会有助于他们发现自己在员工眼中到底是什么样子、存在哪些问题,以使其知道该怎样与员工沟通,从而更有效地给予反馈。当然,在给予反馈和接受反馈的时候也要注意一些细节,比如在反馈之前要思考给予这个反馈的目的、反馈的内容是负面的还是正面的,等等(详见表2-2),只有这样,才能达到有效反馈的目的。

表2-2 接受和给予反馈的注意事项

如何给予反馈	如何接受反馈
思考为什么要给这个反馈。	知道总比不知道好。
针对可以改进的行为进行反馈。	在接受反馈时避免自我防卫。
正面反馈和负面反馈的比例为4:1。	参与式地倾听。
反馈观察到的具体行为或你的感受,而不是你从对方行为中得到的结论。	倾听检查,主动提问,确认理解。
不要试图做心理分析,避免推理行为。	在心里记录有疑问或不同意的地方。
给对方时间思考和反应。	仔细评估信息的准确性和可能的价值。
举例。	收集其他信息以确认反馈信息的准确性。
避免给行为贴标签。	主动寻求改善建议和方案。
确保反馈不是评价。	考虑反馈信息的来源,确认是否是从其他渠道听到的信息。
与对方讨论他的接受程度。	
真诚、温和、诚恳地给对方反馈,把反馈当成一个礼物。	
如果对方需要,一起探讨改进的方法。	

二、领导力三要素

A.O.史密斯公司认为,发展领导力的本质在于改善领导者的领导行为,使领导者的行为符合公司"四个满意"的价值观。A.O.史密斯公司主要从领导力三要素,即超越私利的目的、关爱员工和公平公正来提高领导者的领导力。

(一)超越私利的目的

企业的经营发展目的在于平衡各利益相关者的利益诉求,从而实现企业的均衡和良性发展。超越私利的领导者能够更好地实现这一目的,这种类型的领导者不仅会使工作过程更有意义和价值,也更容易得到员工的认可和支持,团队的凝聚力更强,留住和吸引优秀人才的可能性更大,也能够在满足自身利益的基础上积极履行对企业利益相关者的责任和义务,为企业谋求更大的利益,实现企业的永续经营。相比之下,领导者只追求一己之私,一旦满足其自身需求便会停滞不前,较难得到员工的认同和支持,人才流失也会比较严重。

在高级领导力培训中,受训者从学习策略、大五人格测试①等方面学习超越私利的方法。首先,在面临挑战时,管理者一般会从行动型、思考型、咨询型和感觉型等四种学习策略中(见表2-3)选择比较擅长的一种。A.O.史密斯公司认为,领导者只有打破习惯性思维,将这些学习策略组合使用时才会取长补短,达到效用最大化,过度使用或者削弱使用都会降低其效用。所以,管理者要尝试跳出习惯性思维方式,这是超越私利。从大五人格测试出发,管理者在工作场所中会表现出不同的人际风格。如果一位管理者处于压力敏感型维度,那么他可能会发现自己处理问题比较镇静、从某件事情的影响中恢复比较快,但会带来没有人情味等问题,此时该管理者就应该思考通过加强沟通等方式来扬长避短,解决问题,这也是超越私利。每一位管理者都有自己的优势,当自己的优势和工作要求高度吻合时,工作就会变得有趣而富有成效,管理者也越发自信,勇于承担责任,但管理者也常常会由于执着地相信自身的优势,而把那些对他们有益的反馈和提醒抛之脑后,比如在工作中会表现出充满热情、敢于挑战现状,但可能存在傲慢、强势、为取胜不计代价、团队成员不愿意合作、别人看到你会绕开走等问题,所以在此种情况下,就需要管理者加强忍耐性、注意合作,给别人以空间,而不是咄咄逼人,这也是超越私利……作为A.O.史密斯公司的管理者,每个言行、每项政

---

① 人格理论中特质流派的人格测试工具,认为有五种特质可以涵盖人格描述的所有方面,即严谨性、外向性、开放性、宜人性与神经质人格特质。

策,都要以"四个满意"为衡量标准,做到秉公办事,不谋私利,只有这样才能超越私利,才能获得员工的认同和追随。

表2-3 四种学习策略的优缺点

学习策略	优点	缺点
感觉型学习	能清楚地意识到自己的感受,并且明白自己对于成功或者失败的感受如何影响行为。会顾虑别人的感受,这将给工作的顺利进行带来附加值。当回避一项挑战时,不怀疑自己的动机,或者在任何令人烦躁的特殊环境下,都可以坦然自处。这些感觉都将避免选择那些舒服的事情,而是选择正确的事情。	由于对感觉非常敏感,会给人一种软弱的印象。过分在意别人对自己的看法或者自己对形势的看法,会造成在该做决定时犹豫不决。
行动型学习	不会在类似数据收集这样的过程阶段故步自封、犹豫不前,更不会错过截止日期。能摒除外界干扰,迅速考虑各种选择的可能性,从而得到自己的结论。由于总是处于问题的关键区域,所以能最先经历这些问题。	可能会过度看重行动,从而在没有获得足够信息之前便贸然决定。可能会不断重复同样的错误,从而被别人认为是局促而缺乏耐心的人。由于常常忽略自己的感受,可能会遭遇失败。
思考型学习	可以通过想象自己成功来增加自己达到目标的可能性。对形势、情况的熟练分析,也能给自己下一步的行动助一臂之力。擅长收集各种信息,并可以通过相互对比得出差异。	收集过多的信息会耽误时间,从而不能及时将信息运用其中。过于自立将失去从别人那里学习的机会,更无法享受团队支持的优势。给别人造成一种独来独往、固执甚至粗鲁的感觉。
咨询型学习	会充分运用自己工作环境中的楷模资源,向他们学习。卓越的观察能力便于从他们身上分辨出优秀的管理行为和失败的教训。会向他人寻求支持、反馈和建议。这些行为都会对个人的发展起到极为重要的作用。	可能会在行动之时犹豫不决,不敢相信自己。不信任自己的判断和推理。如果过分地使用这种学习方法,被咨询的人会觉得自己被利用了,并且认为咨询者并不能独立胜任自己的工作。

在A.O.史密斯公司,每位高层管理者都需要负责若干个管理培训生[①]的培养和发展。公司制造体系的王建宝总经理以向其他各个事业部输送合

---

① 在A.O.史密斯公司,管理培训生是公司未来管理人才的重要储备来源,通过考核表现优秀的管理培训生一年之后就能够晋升为公司中层管理者。

适的员工而为人称道。在管理培训生培养的过程中,王总通过沟通、参与挑战性项目、反馈等方式不断提升管理培训生的组织、协调、专业技术、团队沟通等能力,公司一旦有人才需要,王总就会挑选、输送合适的管理培训生。仅 2013 年,王总就输出了部门主管以上的人员 12 名,其中 1 名是新工厂的总经理。"自己付出了这么多心血培养的管理培训生给别的部门,您舍得吗?"在访谈时我们问。王总笑着说:"没有什么舍不得。公司有需要,我就应该推荐合适的人才。对管理培训生而言,有利于他们自身的发展;对公司而言,有利于公司的发展。这是理所当然的事情。"在 A.O.史密斯公司,超越私利的行为还有很多,如产品的研发不是以时间为要求,而是以安全、环保为目的;任何决策都是以利益相关者利益为前提,而不是以企业利益最大化为标准,等等。当管理者学会站在员工的角度、站在公司的角度、站在社会的角度、站在消费者的角度以及其他利益相关者的角度看问题的时候,就会变得博爱而善良、敬业而忠诚、富有责任感和使命感,就会散发出独特的人格魅力和人性光芒,赢得无数的尊崇和敬重!细数 A.O.史密斯公司获得的"中国企业社会责任榜优秀实践奖""中国最佳雇主奖""节能创新贡献大奖""最具环保品牌奖""中国节能产品领袖榜""防重金属污染安全创新突破奖""最佳主动安全防护技术创新奖"等奖项,均生动诠释了"超越私利"!

(二) 关爱员工

从理论角度来说,懂得关爱员工的管理者才是真正的管理者。关爱是一种非常有效的管理手段,很多优秀的企业都是以关爱员工为情感纽带进而实现可持续发展的。A.O.史密斯公司也不例外,比如,公司某部门有新主管职位空缺,公司按照流程首先在公司内部考虑,经过部门经理及人力资源部门的初步筛选,有3位高潜人员①进入考虑之列:候选人A,经验与能力不够,非常愿意得到这个机会;候选人B,经验与能力正好,非常适合这个职位,但是本人意愿不强;候选人C,经验与能力超出要求,但是本人表示如果公司需要,可以服从公司安排。如果选择A,可能会花费较多的时间来培养他,这可以使其价值最大化;选择B,虽然找到合适的人选,但是对本人而言没有激励,增值的空间不大;选择C,虽然不用管理者操心,但是由于没有任何激励,且其本身的经验能力超出要求,可能会带来自身价值贬值的情况。那么,作为管理者,应该怎么做?在A.O.史密斯公司,管理者应该从关爱员工的角度做决策。因为人的工作绩效取决于人的能力和积极性。只有人的能力、兴趣、爱好、理想与岗位相适应,才能最大限度地发挥人的作用。所以,公司的管理者应该分别和3位员工进行交谈,倾听他们对到新岗位任职的想法和意见,在尊重他们的意见、满足他们需要的基础上制定出满意的方案。

事实上,A.O.史密斯公司从成立之日起就践行"员工满意",对员工的关爱更是随处可见:关注员工的工作安全,在生产车间,会提醒员工带上眼镜和安全帽,复杂危险的工序让机器人完成;关注员工对工作的满意情况;关注工作本身以及对工作成绩的认可给员工带来的成就感,通过探寻有效的管理方式,在设计重要岗位时注重工作内容的丰富性、复杂性和挑战性;关注员工生活和工作的平衡,除非特殊情况,员工一般不用加班,开展"羽毛球比赛""篮球比赛""足球比赛"等各种活动丰富员工生活;关注员工工作和生活上的一些细节,公司会根据实际需要增加班车数量、调整发车时间和路线,介绍雾霾防护措施,花费120万元对吸烟室进行整体改造等。类似案

---

① 高潜人员是指在团队合作能力、工作绩效、创新能力、专业化、工作激情等方面表现突出的高潜质人才。

例举不胜举,这都在很大程度上提高了员工对组织的认同感和对价值观的践行:在车间各班组,员工会自觉自愿每月组织一次"头脑风暴会",以发掘身边的创新机会点,如有的员工从存放影碟的架子获得灵感,将影碟架放大,做了一个存放工装夹具和加工件的架子,把原本一层层堆放在地上的焊机钢圈放置上去,这样存取就变得十分方便和省力,有的员工只是在托架上加了两个螺丝就解决了底盖圆焊机不同心的问题,等等。一位中层管理人员这样评价A.O.史密斯公司:"A.O.史密斯公司员工薪资不是同行业内最高的,有些员工跳槽后可以找到比现有薪资更高的职位。但是,大家都不愿意走。即使有的人走了,过一段时间后又来公司应聘。这就是真实的A.O.史密斯公司。"究其原因,答案就在于企业对员工的关爱换来了员工对企业的信任,换来了员工对"四个满意"的认同和践行,他们回报给企业的是持续不断的改善改进和每年以20%以上的速度增长的销售额,2013年更是实现了26%的销售额增长。

（三）公平公正

西点军校有句俗语:管理者"应该严厉,但更要公平"。假若你要别人追随你,你就得公平。A.O.史密斯公司最大的特点之一就是让员工放手去干,在员工中创造了一种公平公正的竞争氛围。比如,总裁丁威虽然对待员工非常严格,但也非常公正。他认为,"无罚不威,无赏不仁",管理者本身就需要有一身正气,不偏不倚,公正无私,这样无论管理者对下属多么严格,员工都会清楚这是为了公司的利益,即使有冲突有矛盾,也会将冲突和矛盾的负面影响降低,大家会在了解的基础上对管理者产生认同,在认同的基础上产生尊敬。

A.O.史密斯公司特别强调对员工的公平公正,通过不同的形式展现和传播这种公平公正的理念。比如,在一次培训课上,培训人员以"哈佛大学的图书馆被烧毁,由于书都非常珍贵而不许外借,但有一个学生因偷拿出一本书而使得该书避免火灾有幸得以保存,基于公平公正,哈佛大学表扬了他,却又开除了他"和"无法停下的飞驰的火车是驶向有一群小朋友正在玩耍的使用中的铁轨,还是驶向有一个小朋友正在玩耍的已经停用的铁轨?是通过铁轨的切换器让火车转往停用的铁轨,以一个小朋友的生命挽救大多数小朋友生命还是采用其他办法"为例,引入了关于"公平公正"的议题,并让受训者思考发生在自己身边的事情:是否存在对业绩好的员工与业绩不好的员工的区别对待?是不是喜欢公司的某些人,却不喜欢另外一些?是不是帮助一些人的发展而忽略了另外一些人?是不是对下属不够坦诚?公司往往会给高潜人员以具有挑战性的工作,非高潜人员则安排一些没有挑战性的工作,这样一来,高潜人员成长得就快,学得也多,非高潜人员成长得就慢,这是不是不公平?如果是不公平,又该如何避免?一位受训者在回答关于如何避免非高潜人员成长慢这一问题时说:"基于公平公正的角度,我们可以将有挑战性的工作公开,让感兴趣的员工都参加,这样就可以避免上述问题。"在 A.O. 史密斯公司,管理者在处理问题时,时刻以公平公正的理念作为指导。比如,在一些制造企业,价格低廉的样机处理总是先满足管理层,再由高到低,一个层级、一个层级往下推,最后才是基层员工。而在 A.O. 史密斯公司,样机处理是按照公平公正的原则,以 CI 积分作为评判的标准,CI 积分高者有优先权,而不论职位高低,这就是公平公正。

在公司内部,只要有岗位空缺,员工就可以根据自身的特点与岗位的要求,竞聘适合自己的岗位,这真正体现了公平公正,强化了员工的组织认同感。A.O. 史密斯公司坚持"可量化"的考核机制,从制度上保证公平公正。对所有员工进行考核时,A.O. 史密斯公司采用自主开发的"人力资源矩阵"式测评工具(又称九宫格,见图 2-1),其中横坐标代表潜力,纵坐标代表业绩。考评时,依据公司员工基本素质模型——TRIP 模型进行。公司一直在思考和研讨:"在认同公司价值观的前提下,我们究竟需要什么样的人?",TRIP 模型就是公司在 2007 年开发出来的。2007 年的 TRIP 模型中,T:Teamwork/Teambuilding,对员工指团队合作,对管理者指团队建设。R:Result-drive,即结果导向。I:Innovation,即创新。P:Professionalism,即专业化。其后,随着公司的持续高速发展,其又在思考:"在认同公司价值观的前提下,我们需要什么样的人,才能够保证公司持续高速地发展?"经过不断研讨,2010 年大家达成共识:一个企业的成功经营不仅取决于它所拥有的资源多寡,也与员工的工作激情密不可分。这不单表现在一个企业成功运作的时候需要员工高昂的工作激情和超群的创新能力,还表现在当一个企业面临严峻挑战的时候,员工的团结一致和努力工作可以使企业转危为安,因此,激情非常重要。鉴于此,2010 年,A.O.史密斯公司对 TRIP 模型中的"P",在专业化的基础上又赋予其激情之意(P:Professionalism/Passion),这不仅是对原模型的补充和完善,也显现了激情对团队合作、结果导向、创新、专业化的促进作用。"人力资源矩阵"测评结果处在 A1、A2、B1 的员工被定义为高潜人员并将直接进入"公司继任计划的人才库",整个过程充分体现了公平公正。

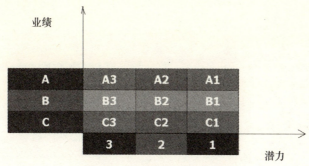

图 2-1 人力资源矩阵/九宫格

高级领导力培训提升了管理者"超越私利的目的、关爱员工和公平公正"的意识和能力,保证了领导者面对下属时始终如一、值得信赖的行为,坚定了员工对企业的认同,这也是保证企业基业长青的密钥之一!

▦ 小结

古人曰"不谋万世者,不足以谋一时;不谋全局者,不足以谋一域"。然而,A.O.史密斯公司的成功经验告诉我们:不谋人心者,不足以谋企业。该公司通过以"倾听并理解我;即使你不同意我,也请不要否定我这个人;承认我的伟大之处;记得寻找我良好的意图;用怜恤的心告诉我事实的真相"为基础的初级领导力培训,指导管理者如何管理自己的生活,如何与员工相处;通过以领导力三要素"超越私利的目的、关爱员工和公平公正"为基础的高级领导力培训,告诉高层管理者如何保证面对下属时始终如一、值得信赖的行为。通过培训,A.O.史密斯公司展示了对所有员工的真诚关爱,换来了员工对企业的忠诚敬爱与对企业价值观的认同!事实证明,A.O.史密斯公司领导力提升培训不仅让管理者学会了换位思考、改变思维、改善行为,而且让公司一次又一次谱写了绩效新篇章,让公司走得更远、更好!

第三章
领导示范

领导者行为决定了企业文化的形式,对企业文化产生了重要的影响。尤其是带头践行公司价值观的高层管理者,他们的行为、观念和准则,无不起到强烈的示范和表率作用。本章介绍 A.O. 史密斯公司在价值观推广、实现价值观认同的过程中,包括总裁丁威在内的高管团队如何通过率先垂范、亲力亲为为员工做表率,引领员工脚踏实地、扎实可行地将价值观落地生根。

第一节 总裁率先垂范

将价值观落实到员工行动上需要领导者的引导和推动。在 A.O. 史密斯公司,以身作则不是领导者劝导下属的重要方式,而是唯一的方式。领导者通过亲力亲为形成榜样力量,通过真心关怀和公平无私获得员工信任,以自身行动感召员工自觉践行"四个满意"的价值观。也就是说,价值观的推动需要领导者的身体力行以及由此形成的自上而下的强推力。A.O. 史密斯公司的领导者就是这样做的,其中又以总裁丁威为代表。

一、总裁丁威

丁威于1997年进入美国A.O.Smith公司工作,1999年开始担任A.O.史密斯公司总裁。技术人员出身的丁威身上有着深厚的工程师烙印,在成为公司领导者之初,"自以为是""听不进别人的意见"等工程技术人员的通病在丁威身上逐渐表现出来。丁威回忆说:"这些问题我一直没有发现,直到有一天我的海外上司告诉我说'你的行为有问题',并安排我去参加一个封闭式培训之后,我才开始明白自己在从事管理工作中所暴露出的性格缺陷。"之后的丁威,变得谦虚了很多,对美国A.O.Smith公司的价值观更是有了深刻的体会,"对质量的追求、对技术的笃信、对商业道德规范的坚持以及对员工的信任代表了美国A.O.Smith公司的远见卓识,正是这140年的价值观与道德规范的坚守铸就了美国A.O.Smith公司在中国的成功",丁威说。作为一个由个体组成的组织,大多数人会为了共同的目标而努力工作,有着共同的价值观,但是也会有例外,这时,就需要一位领导者,通过自己的领导行为,去影响那些与组织价值观不同的人,使组织成为一个团结的群体,拥有共同的目标。丁威就是这样一位领导者。

以技术研发为主导、不断创新,一直是A.O.史密斯公司坚持的理念。在每年年底进行的员工发明专利颁奖大会上,丁威不仅是颁奖嘉宾,更多的时候也是领奖人,他参与研发的"电热水器搪瓷涂层加热管及其制造方法""准量加热电热水器及准量加热控制方法""混合能源恒温控制热水器"等获得了多项专利发明奖。通过身体力行地参与创新,总裁丁威树立了良好的榜样,有效地调动了员工自觉参与创新实践的积极性。在A.O.史密斯公司,《通过研究,寻找一种更好的方式——A.O.史密斯公司的历史》人手一册。丁威非常推崇这本小册子,认为员工通过阅读这本小册子能够清晰地理解创新所创造的非凡价值,对他而言,亦是把这本小册子作为行动指南。

"在 A.O.史密斯公司,不会单纯因为做技术而做技术",丁威说。他提到一个工程师设计的"电话遥控热水器",虽然技术很新颖,但他最终决定放弃开发这个产品的想法。因为在做过市场调查后,他发现中国的消费者不会 24 小时开着热水器,特别是家里没人时,大多数消费者都要关上热水器,因此电话遥控的意义不大。而且他还不止一次亲自去卖场以顾客的身份和促销员沟通,他认为,卖场中的促销员直接接触消费者,能够获得大量有效的消费者需求信息,"我们的产品是为了提高消费者的生活品质,基于消费者需求的产品才是我们要生产的产品""公司只有把创新技术和消费者需求结合在一起,才能真正实现'四个满意'"。正是丁威亲自践行持续创新的理念及其与生俱来的热情,才使得 A.O.史密斯公司在行业中独树一帜。

丁威不仅身体力行进行创新,他还是一位关爱员工、诚信公正的领导者。在 A.O.史密斯公司,总裁的办公室大门始终是敞开的,每个员工(包括一线员工)任何时候都可以直接进入,与总裁丁威进行直接沟通和交流。作为公司最高领导者,丁威对一线员工十分关心。公司食堂曾经发生过 12 名一线员工腹泻的事故,丁威事后得知自己没有第一时间被告知此事,在他看来,这是一件很严肃的事情。在之后召开的公司高管会议上,他直接向人力资源部门指出:"发生如此大的事情,身为管理者的我们竟然不知道。这样的管理者如何体现关心员工的精神?如何体现员工满意?"并责令人力资源部门立刻进行整改。在处理员工冲突时,丁威也始终以公平公正为前提。A.O.史密斯公司如果要开除任何一位员工,都要从下到上每一级的主管同意签字,最后由丁威审批后才能生效。之前,公司有一个普通设备的操作工错放了物料导致磨具损坏,主管要开除他。这个员工不服气上诉,认为在他之前也有员工出现过类似问题却并没有被开除。当时处理此事的经理给他的回复是"现在公司加强管理,对于此类事件要坚决杜绝,处罚的程度也比以前严厉了"。丁威知道这件事以后,鉴于与之前员工处罚的比较,与相关部门领导协商后,决定再给该员工一次机会。这位员工对此处理结果表示满意和认同。对于A.O.史密斯公司来说,只有管理者以身作则,才能形成行动的感召力,带动员工自觉践行"四个满意"的价值观,进而有效地从上到下推广价值观。一位在公司工作了十多年的普通员工这样评价公司的领导:"我没有看到公司领导做过惊天动地的事情,更没有看到急功近利的行为,我看到的只是他们脚踏实地、关注一点一滴的细节以及用行动说话。"

二、对价值观的笃信

丁威说:"经过长时间的学习和思考,'四个满意'已经成为A.O.史密斯公司共同默认的价值取向和行为规范,正是公司的价值观管理成就了今天的A.O.史密斯公司。'四个满意'需要同时考虑,不能厚此薄彼。我们要像信奉'宗教'一样在企业内部强调'四个满意',强调价值观。"从中可见,作为A.O.史密斯公司的最高领导者,其对"四个满意"价值观的笃信和坚持。

众所周知,企业达到一定规模后需要塑造企业文化。良好的企业文化可以积累和沉淀企业的历史、价值观、信念、处事方式等,并在潜移默化中一代一代传递下去。价值观并不完全等同于企业文化,它被视为企业文化的核心要素。虽然很多外资企业具有坚定的、良好的、符合企业定位的价值观,但它们也面临一个问题:如何把总部具有悠久历史和优良传统的价值观移植过来并与国内的本土价值理念完美融合在一起?当时,丁威也遇到了同样的问题。在多次讨论沟通后,包括丁威在内的高管本着对美国A.O.Smith企业文化的理解,结合中国的文化特点,将美国A.O.Smith公司的价值观精炼为"四个满意"。

不仅如此，丁威还坚信，确立了标准就要推行，"四个满意"要落实到行动上才能生根开花。从历次访谈中我们发现，丁威始终把A.O.史密斯公司的价值观挂在嘴边，就像口头禅一样，几乎谈到每个话题时都会提到。在实际工作中，丁威也是按照价值观来管理整个企业的。"我们可以看一下中怡康的统计图表，在日趋激烈的竞争环境中，A.O.史密斯公司为什么能够表现抢眼，实现持续发展？我们反复讨论，最后形成的结论就是价值观推动，价值观推动使得我们的企业文化进一步深化：无论是坚持创新还是'四个满意'，都是落实在行动而不是口号上。"丁威说："行为反映价值观，这是A.O.史密斯公司一以贯之的理念。我们的价值观不能是空喊口号，而是一定要落到实处。只有领导层真正重视价值观的推动，才能在全体员工中推动起来。"丁威是这样说的，也是这样做的。他总是利用"四个满意"的价值观成功地化解各个部门之间的冲突。比如，在一次产品大会上，销售部门的经理和研发部门的经理在产品改进的问题上产生了分歧，销售部门的经理希望总裁能够给出最终的裁决，丁威却告知他"从'四个满意'中寻找答案"。丁威认为，"他们之间之所以存在冲突和分歧，就是因为忽略了'四个满意'，过于顾及本部门的利益，如果能同时从客户、员工、股东和社会满意的角度去思考，这个分歧肯定就不存在了。"

"成功的企业有成功的基因。在企业建设的过程中，要抓住本质的东西，企业需要天天在这上面下功夫。实质上，以'四个满意'为核心的价值观就是A.O.史密斯公司迅速成长壮大和取得成功的基因。"丁威说。A.O.史密斯公司每年花费在企业文化建设上的费用近400万元，凡招聘的新员工，每人都会收到《通过研究，寻找一种更好的方式——A.O.史密斯公司的历史》《A.O.史密斯公司指导原则》和《从口号到行动——A.O.史密斯公司的文化建设之路》》^①;所有的管理培训生,前3个月都要了解公司的历史故事和指导原则,6个月后需要结合自己所在工作岗位的案例和实践发表自己的感悟。自2004年以来,"价值观推动"成为A.O.史密斯公司内最具影响力和最受欢迎的活动。丁威说:"A.O.史密斯公司以其独有的价值观把员工凝聚在一起,也使得美国A.O.Smith公司140年的文化传统得以传承,这些价值观提供了一套指导方针,它告诉我们,公司所重视的是:为客户提供一流的服务并希望他们不断成功,提高公司的运作效率和所有员工的效率,不断创新和坚持研究的恒久信念,为员工提供安全的工作环境,让我们的员工成为社会好公民。"

三、对价值观的践行

在员工心中,丁威一直被视为企业的灵魂。无论是在A.O.史密斯公司成立之初的"水土不服"时期,还是到后来的快速发展时期,丁威总是能站在高处为公司描绘出更加出彩的蓝图,他的引领、激励和协调坚定了员工对企业价值观的认同,使他们对企业不离不弃,也使A.O.史密斯公司的销售额屡创新高。

A.O.史密斯公司在进入中国热水器市场的前两三年中,在设计生产、营销渠道等各个环节上都遇到了严重的困难。丁威在担任A.O.史密斯公司总裁后,从"客户满意"入手寻找失败的原因。他发现,美国消费者家庭的别墅面积较大,热水器可以做到数百升甚至更大的容积。热水器主要放置在地下室,对其外形的要求并不高。但中国消费者家庭的住宅面积小,通常

---

① 该书在A.O.史密斯公司被称为"红宝书"。该书详细介绍了该公司如何持续开展文化建设,如何以"人""活动"和"制度"形成的铁三角为支点,使以"四个满意"为核心的企业文化撬动"品质"和"创新"。该书从2011年开始成为新员工入职必读材料之一。

只需要数十升至100升左右容量的热水器产品。热水器主要放置在家里，所以还要突出其装饰作用。显然，A.O.史密斯公司把按照美国产品原型设计的大热水器投放到中国市场，消费者会"不满意""不认同"，自然也就没有销路。加之在美国本土销售的热水器，95%以上是由大批发商通过新建房产市场配套销售的。而相比之下，中国的热水器市场完全是个零售市场，具有地区经销商、家电商场、百货公司、五金杂货店等各种错综复杂的销售渠道。基于上述原因，针对中国的国情和用户的消费习惯，丁威带领员工从生产设计、分销渠道、销售促销等各方面进行了改进，逐步带领企业渡过了难关。

2008年，金融风暴愈演愈烈，很多企业发展步履维艰。大家都担心这会影响到A.O.史密斯公司，但丁威的一番新年寄语却成为整个企业的强心针。他指出，"美国A.O.Smith公司经历过1929年的经济大萧条、第二次世界大战以及不同年代的行业巨变，但基于对研发创新的笃信和团队合作的传统，公司一直保持了稳健和良性发展。在极具挑战的经济形势下，公司需要继续发扬美国A.O.Smith公司的传统精神，坚守'四个满意'，坚持团队合作和研发创新，充分发挥每个员工的潜力，走过经济的寒冬！"丁威诚挚的讲话激励了所有员工。同时，为应对2008年下半年爆发的金融危机，A.O.史密斯公司在2008年12月由设计部、财务部和生产服务部主管牵头，自发成立了重大改进改善项目组，期望通过1年内降低3 000万元的成本来缓解公司所面临的压力。虽然这个目标对于各个部门而言都是不小的压力，但工作并没有因为困难而终止，相反，员工们都表现出了极大的热情，项目组最终在2009年10月累计实现降本3 558.5万元（详见案例3-1）。同时，2009年A.O.史密斯公司的销售额突破了2亿美元大关，西北大区、吉林、四川、内蒙古、江西、河南等地区的销售增长率超过了40%；东北大区、华北大区、苏中、苏北、云南的销售增长率均超过了30%；上海、广东、苏州的家用产品工程销售，以及北京、华北、浙江、四川的商用产品销售增长率也超过了30%。

案例 3-1

"3 000万降本项目"——部门合作的力量

为了应对2008年9月爆发的金融危机，A.O.史密斯公司在2008年12月成立了重大改进改善项目组，在1年内实现降低成本3 000万元人民币。围绕着"降本"这个主题，跨部门间的"价值分析""零部件自制""工艺及设备改进"等子项目都陆续开展起来。最终，项目组在2009年10月累计实现降本3 558.5万元(见表3-1)。

"任务并不轻松，但部门间的相互合作以及多年的项目工作经验让我们事半功倍。"A.O.史密斯公司的管理者在回顾这段经历时向我们总结到。

表3-1　3 000万降本项目进度表　　　　　　　　(单位:万元)

项目明细	1月	2月	3月	4月	5月	6月	7月	8月	9月	10月	总计
BOM分析	23.6	25.5	22.9	36.2	36.6	28.3	33.2	33.2	37.5	34.6	311.6
价值分析	30.4	32.9	29.5	46.7	47.2	36.5	46.2	46.3	48.5	44.6	408.8
价格谈判与招竞标	186.2	201.4	180.5	285.8	288.8	223.4	273.5	273.9	296.5	273.0	2 483
APCOM相关	0.0	0.0	0.0	24.5	24.8	19.1	21.2	21.3	25.4	23.4	159.7
零部件自制	0.0	0.0	0.0	0.0	8.4	6.5	9.3	9.3	8.6	8.0	50.1
工艺及设备改进	0.0	0.0	12.8	20.3	20.6	15.9	17.6	17.6	21.1	19.4	145.3
总价	240.2	259.8	245.7	413.6	426.3	329.7	401.0	401.6	437.7	402.9	3 558.5

在公司领导层的带领下，无论面对何种经济环境，A.O.史密斯公司自2002年以来始终保持20%以上的销售额增长率，2013年的销售额增长率更

是高达26%。根据中怡康的数据,截止到2013年11月,A.O.史密斯热水器销售额市场份额占到24.7%,不仅成功卫冕销售额市场份额第一,而且也是近10年来唯一保持份额持续上升的热水器品牌。在高端热水器市场,A.O.史密斯的电热水器、燃气热水器的销售额市场份额分别占到73.7%和45.2%[①],遥遥领先其他品牌,创造了行业奇迹。与此同时,A.O.史密斯公司的净水产品也拥有强势的发展势头,截至2014年6月底取得了18%的市场占有率,成为行业的领导品牌。"之所以会取得如此骄人的成绩,是因为美国A.O.Smith公司140年以来始终坚持价值观和诚信经营的理念,专注研发,打造品牌。A.O.史密斯公司成立16年来,始终秉承美国母公司的经营理念,恪守'四个满意',以领先技术和优质产品赢得行业及消费者的一致认可",丁威在2014年的管理年会上总结道:"公司140年的价值观已经完美地融合进了中国本土员工心里,并还将继续推广下去。"

第二节 高管团队以身作则

价值观领导理论认为,领导者和下属的关系是以共同价值观为基础的。持有明确而崇高的价值观的领导者,通过向组织注入价值观,与员工的价值观和情感产生共鸣,把组织理念内化到个人内心,并以此孕育组织文化。作为组织中主要承担战略决策职责的高层管理者所组成的团队即高管团队,是决定组织发展和影响组织绩效的核心群体,他们行为的正确与否、效能的高低与否,势必会对员工和企业的长远发展产生重大影响。

---

① 资料来源:北京中怡康时代市场研究有限公司针对2013年12月全国965个市县、6407家门店零售监测所得的报告。该报告将电热水器价格>2640元、燃气热水器价格>2900元的市场划分为高端市场。

一、组建高效能高管团队

1999年,A.O.史密斯公司正处于中国本土化调整的关键时期,面临一系列人才组建、营销体系建设等难题。丁威清楚地意识到要将美国A.O. Smith公司的管理理念以及具有悠久文化底蕴的价值观移植到A.O.史密斯公司,人才建设是重中之重。一个企业必须要有一个团结齐心以及精明强干的高管团队才能成功地传承母公司优秀的企业文化,才能创造出辉煌的业绩。高管团队不仅要具有决策力和行动力,即使在面对紧急、复杂及模糊状况变化的情况下,也能抓住关键问题并快速形成有效决策,迅速采取行动并完成预定目标;同时,还要有成长力和内聚力,每个高管成员要思想统一、相互依存、相互协调、相互团结以形成强大的内聚力。那么,如何打造高效的高管团队呢?A.O.史密斯公司主要从以下几个方面出发:首先,高管团队必须具有团队合作意识,意识到他们是一个团队,意识到他们是团队中的一员。这一点尽管看上去很明显,然而许多企业都存在高层管理人员特立独行、职责不明、变幻不定的问题。其次,高管团队必须在践行"四个满意"中起模范作用。对于员工而言,他们不仅仅是听你怎么说,更多的是看你怎么做,他们会效仿你的做法,这一点至为重要。如果一家公司的领导者口口声声说要诚实正直,却整天想尽各种办法去做一些"打擦边球"的事情,不能做到"言行合一",员工就会认为领导者是在演戏,就不会把公司的价值观当回事。因此,A.O.史密斯公司高管人员需基于"四个满意"亲自去发掘事实、分析问题并解决问题。最后,公司的高管人员尽量不从外部招聘。因为先入为主的原因,外部招来的高管在很大程度上会受之前所在企业文化的影响,因此,在A.O.史密斯公司,高管主要是内部培养。

事实上,面对中美两国在国情、文化、政策、市场结构等方面的巨大差异,面对中国热水器市场的"混战"局面,A.O.史密斯公司高管团队最终顺利通过了外国独资公司在中国的本土化考验,3年后开始盈利;2005年的销售额市场份额更是跃居国内第二,此后便一直处于领先位置。在美国A.O. Smith公司前CEO保罗·琼斯的眼中,"中国公司之所以能取得如此骄人的成绩,是源于'通过研究,寻找一种更好的方式',并且这一经营宗旨在中国得到了很好的贯彻与执行,通过不断研发满足中国消费者需求的产品,将美国母公司的价值观完美地与中国本土文化结合起来。同时,更为重要的是,在中国,我们拥有了丁威这样能够将美国的文化与中国的实践完美结合的精英人才,在他的领导下,打造了一支能征善战的团队,尤其是高管团队"。

二、高管团队身体力行

企业高管的模范行为是一种无声的号召,对员工起着重要的示范作用。因此,要塑造和维护企业的价值观,高管团队成员本身就应该是这种价值观的化身。他们必须通过自己的行动向全体员工灌输企业的价值观,并在每一项工作中体现这种价值观。在A.O.史密斯公司,不管职位多高,大家人格平等,在同一个食堂用餐,有秩序地排队打饭,所以,高管和普通员工坐在一起用餐是很常见的事情。对员工出现的问题,高管也能及时予以解决。比如,新员工在培训期间,发现安排入住的酒店漏雨,而且酒店已无其他同价格的房间。人力资源部的主管知悉情况后,在身体不舒服的情况下特地到酒店查看情况,并加钱帮助新员工调换房间。高管也会主动帮助和支持CI提案的执行及推进,能及时解决的,高管会及时解决。如果不能及时解决,也会在第一时间通过寻求其他部门的帮助予以解决,用实际行动诠释价值观。比如,面对2008年的金融风暴,设计部、财务部和生产服务部主管牵头,带领员工一起寻找问题,对物料清单中相似或相同的零部件进行对比分析,找出不合理之处,然后交由生产服务部进行进一步的核实,高管们用行动激发了员工极大的工作积极性,在1年内成功实现降本3 000万元人民币的目标。由此可见,高管团队的身体力行能够激发员工的情感,引导员工行为,起到良好的榜样作用。高管团队对产品质量的重视更是如此,详见案例3-2。

案例 3-2

高管团队对品质的重视

高管团队对品质的重视程度会影响整个企业对品质的认知,影响员工推动品质提升的积极性,最终会影响产品和服务的质量。一位在日资企业从事十多年质量管理工作的员工这样描述自己在A.O.史密斯公司的感受:"公司从研发环节就开始考虑质量,研发与生产不脱节,生产环节控制力度大,品质改进项目也在不断进行。公司每月都会召开质量会议,参会人员由设计、质量、生产、技术等部门的人员组成,汇报上阶段所遇到的重大质量问题,然后由各部门共同探讨,寻求改进方案并跟踪落实。这种质量会议,总经理除非在国外,否则一定会出席。高层对质量重视到这种程度,是我在其他公司从来没有看到过的。老板重视品质,并将这样的信号传递给其他员工,质量工作才好落实。"

A.O.史密斯公司的一项非正式调查显示,如果让员工列出自己最佩服的高管,排在第一位、第二位的几乎都是钱小平和邱步。作为A.O.史密斯公司高管团队的一员,现任财务总监的钱小平从1998年建厂就加入了公司,当时公司的物流隶属于营销,剥离出来的难度非常大。身为物流主管的他,克服重重苦难,用了不到1年的时间就把公司的第三方物流做得非常出色。凭借超强的学习能力,钱小平从物流转向财务,从财务经理做到现在的财务总监,他用言行时刻诠释着"四个满意":不摆架子,平易近人,对员工充分尊重和信任,公平公正地处理问题;对市场变化和新技术的发展有着敏锐的判断;从不为自己牟私利,取得的成绩会作为下一个奋斗目标的起点,永远是团队作战。而邱步是A.O.史密斯公司副总裁兼燃气事业部总经理,清华大学毕业的他,有着超常的研发能力。刚进入公司时,邱步认为作为管理者必须是权威,所以员工不能挑战他的权威,他采用的是一种专权式的管理方式,而这种方式和A.O.史密斯公司"四个满意"的价值观相悖。在公司对他进行了一系列的辅导和反馈之后,邱步逐渐把"四个满意"作为衡量工作效果的指标:和团队成员一起研发设计新产品,帮助员工解决在研发中出现的各种问题,对员工更多的是正向激励以激发他们的自信心,帮助他们成长。如今,他所带的研发团队不断扩大,产品创新逐年增长,每年新投入市场的产品均有良好的口碑。当"四个满意"的价值观透过高管的一言一行反映出来时,不仅增强了高管自身的感召力,也增强了员工对高管的追随感和对组织的认同感。

丁威说:"作为一名高管一定要以身作则,时刻践行并推广价值观。"他举了这样一个例子,雅安地震的时候,他刚好准备去上海。当时还在候车厅,看到电视里报道的雅安地震新闻后,就立刻给负责四川地区的高管打电话询问A.O.史密斯公司在四川的员工、代理商的安全情况,当了解到他们平安无事并已经妥善安置后,他才放下心来。接着又分别给其他高管人员打电话,询问他们下一步的打算,有的说"捐钱,5—10万元就可以",有的说"什么也做不了",有的说"还是像汶川地震的时候一样,号召大家捐钱",等等,各位高管在处理这件事情时的表现均不相同。后来,经过讨论之后,A.O.史密斯公司捐了100万元的现金和100万元的物品。一位高管在事后反思自己的行为时说:"非常惭愧自己在捐款时表现出的漫不经心、事不关己的态度。这件事告诉我,在任何时候都要用'四个满意'的尺子衡量自己的行为,'社会满意''员工满意''股东满意'和'客户满意'要同时兼顾,不能有轻重偏倚。"

人情至深的本质在于渴望获得尊重。A.O.史密斯公司对员工管理的方式是用心管理①,除此以外,高管在处理问题时还需要坚持"对事不对人、维护他人的自信和自尊、保持建设性关系、以身作则、主动改善情况"五项基本原则,通过这样的理念和行为方式,使得越来越多具有竞争力、忠诚、有才干的员工、供应商以及合作伙伴被吸引到公司中来。A.O.史密斯公司高管的办公室始终对外开放,员工有任何想法都可以和高管交流,而且每个办公室里面都有一张小型的会议桌,只要有需要,部门中的任何人员都可以在此与管理者研讨。在A.O.史密斯公司,领导者会将自我价值观反映在日常的管理行为和人际互动中,以自己的行为方式去影响下属,在耳濡目染中,下属会不知不觉地认可其行为并开始模仿,达到以点带面的效果。当组织中绝大部分的员工都在模仿领导者的行事方式做事时,领导者就已经成功地把自己的价值观传递给了员工,A.O.史密斯公司价值观的传承自然也就成功了。

小结

领导者作为公司价值观的践行者,不仅要站在高处为公司的发展描绘蓝图,更要通过自身的行为将公司的价值观传递给每位员工。在A.O.史密斯公司,可以深切体会到高层管理者在价值观推广过程中的示范、引领和激

---

① 用心管理的内容详见第二章。

励作用:一方面,他们在价值观推广过程中既是企业价值观的认同者,又是践行者;另一方面,他们关爱员工、公平公正、以身作则的领导风格也使员工更踏实地践行价值观。A.O.史密斯公司高管们的身体力行、以身作则,为员工树立了良好的榜样,赢得了员工对企业价值观的高度认同以及自觉践行。

PART THREE

第三篇

齐抓共举

很多企业都有自己的价值观并努力推行,但效果却有天壤之别。一些管理者百思不得其解:我们也开展了一些有关价值观管理的活动,可只在初期带来一时的"轰动"效应,很快大家又恢复到了原来的样子。

A.O.史密斯公司认为:只有寻找到符合公司价值观要求的员工,持续开展有效的多样化培训,用体现公司价值观的行为规范不断强化员工行为,才能实现员工对公司价值观的认同。

源头控制选人才,制度护航价值观。

第四章
员工招聘与培训

••••

"没有不合格的员工,只有不合适的员工",符合公司价值观要求的员工才是公司所需要的员工。不认同公司价值观的员工,对员工和公司来说都是一种灾难,员工不满意公司价值观,公司不满意员工工作表现,企业绩效最终也难以提高。本章介绍 A.O. 史密斯公司如何通过内部招聘和外部招聘两种方式寻找到符合公司价值观的员工,以及公司如何通过多样化的培训,帮助员工融入公司和认同公司的价值观。

第一节 员工招聘

戴尔公司的创始人迈克尔·戴尔认为,"无论招聘的是一般人员还是管理人员,都必须完全与公司的哲学和目标一致。如果这个人可以认同公司的价值观和信念,也了解公司目前的运营和努力方向,那么他不但会努力达到当前的目标,也会对组织的更大目标有所贡献"。可见,有效的招聘对于巩固和维持组织共同的价值观、实现公司的可持续发展非常重要。

一、外部招聘

（一）校园招聘

A.O.史密斯公司每年都会投入大量的时间和精力进行校园招聘，尤其是最近几年，随着公司业务规模的不断扩大，需要注入大量的新鲜血液，通过校园招聘的方式所招聘到的应届生成为公司人力资源储备中不可或缺的一部分。从工程师类、销售培训类到管理培训类，这些毕业生除了具有较高的文化水平，更具有很强的可塑性，经过培养之后，更加容易接受公司的价值观。值得强调的是，校园招聘中的管理培训生项目对公司更加重要，因为优秀的管理培训生将是公司未来的中高层管理者，肩负着传承公司价值观的使命。A.O.史密斯公司负责招聘的主管这样说道："将优秀的应届毕业生作为管理培训生加以培养，这种'引进来'的校园招聘模式不但提高了招聘效率，同时也保证了公司能够在有限的时间内招聘到更多的优秀人才。"

在管理培训生的招聘过程中，公司首先会通过网站、企业宣讲会等形式接收大量简历，公司相关人员会通过一些硬性条件比如学历、专业等对这些简历进行初步筛选。通过初选后的求职者需要结合自己的亲身经历和对公司的了解，提供一份专题求职报告。关于专题求职报告，公司总经理这样评价："只有认真花功夫去了解、去调研，才能够做出令公司满意的报告。通过这份报告，我们可以筛选出那些务实、踏实而非浮躁型的员工，可以看出求职者对这份工作在态度上是否重视，是否愿意花费更多的精力去了解公司、了解他所应聘的岗位，可以判断求职者观察与思考、实践与发现、学习与创新等方面的能力情况。撰写专题求职报告的过程也是让求职者主动地了解更多公司信息的过程。"

之后，公司人力资源部会通知符合要求的求职者，安排他们参观公司的厂房、办公区、展览区、食堂等地方,以便让他们对公司的企业文化有一个初步的亲身体验。A.O.史密斯公司认为这种参观体验活动不仅是对公司负责,让公司迅速发现那些符合公司文化要求的潜在员工,同时也是对这些求职者负责,通过亲身感受公司文化氛围,帮助他们确定自己是否适合A.O.史密斯公司文化,适合A.O.史密斯公司。这一招聘模式真正实现了公司和应聘人员的双选过程。

2012年入职的一位大学生曾这样形容A.O.史密斯公司的校园招聘:"A.O.史密斯公司的校园招聘做得特别好,无论是求职咨询、面试,还是最后的招聘录用,都能充分地感受到公司对我的尊重,就是因为这种感觉,我才来到A.O.史密斯公司。"

案例 4-1

A.O.史密斯公司2014年校园招聘

一、A.O.史密斯公司校园招聘活动介绍

A.O.史密斯公司校园招聘是为了保持企业未来快速稳健发展而实施的管理人才储备项目。我们拥有良好的个人发展空间、系统化的培训平台和轻松愉悦的工作环境,并一直致力于为员工提供发挥才能和获得成就的平台,帮助每一位认同公司文化的大学生快速完成从学生到职业人的转变。在A.O.史密斯公司,每一位员工都被寄予厚望,每一位员工都是A.O.史密斯公司大家庭中不可或缺的一员。

二、我们需要这样的您

对待生活、工作、学习都充满激情,具备强烈的进取心;

渴望挑战,能够为实现目标付诸努力;

致力于在专业领域取得与众不同的成绩;

迎难而上，善于寻求不同的方法克服困难；

拥有良好的沟通协调能力、团队合作能力、项目推动能力。

三、招聘计划

招聘人数：200人。

招聘对象：全日制本科院校2014年应届本科生、应/往届硕士毕业生。

专业要求：技术类岗位要求相关工科专业，综合管理类岗位专业不限，理工科专业优先。

A.O.史密斯公司期望为大学生们提供良好的职业发展平台，同时也希望大学生们在选择人生第一份工作时能够慎重考虑。您可通过以下渠道参与A.O.史密斯公司校园招聘：

宣讲会现场投递简历。

网络申请：http://aosmith.dajie.com。

完整的应聘资料包括：简历、成绩单、专题报告（初试后提交）。

特别关注：当您通过初试后，A.O.史密斯公司希望您能提交一份专题报告。我们通过专题报告来考察您观察与思考、实践与发现、学习与创新等方面的能力水平。专题报告是公司判断是否录用您的重要依据，请认真准备。专题报告的题材和字数不限，主题应与A.O.史密斯公司、产品及业务相关。相信您在准备专题报告的同时，会对A.O.史密斯公司有更深的了解。

特别提醒：A.O.史密斯公司校园招聘团队在收到您的简历后，一周之内会审核完毕，符合岗位要求的简历我们会在第一时间跟您进行电话联系，请您在投递简历两周之内保持手机畅通。我们会把跟目前招聘岗位不相符的简历放入A.O.史密斯公司人才库，公司不定期会有新岗位开放，届时将有可能再和您取得联系！

（二）社会招聘

与学校的应届毕业生相比，工作经验和阅历丰富的员工更渴望获得对工作的胜任感及成就感，一旦无法满足上述需求，其离职的可能性会更大。因此，对他们而言，认同公司文化显得更为重要。在社会招聘时，A.O.史密斯公司突出"愿为每一个感动于公司历史、认同A.O.史密斯企业文化和价值观的有识之士提供能发挥个人才能、获得成就感的工作职位"这一理念。在面试过程中，不仅包括对求职者任职资格的考察，还包括对求职者理解和认同公司价值观的情况进行考察。比如，在2014年商用产品市场总监的招聘中，除了明确提出求职者需要8年及以上的工作经验，履行"负责商用产品市场推广、负责商用产品酒店应用宣传以及管理并完善商用培训体系"的工作职责以外，在面试的过程中，A.O.史密斯公司还专门设计了一些面试问题，如"您如何和别人分享信息？""您认为工作中哪些方面是至关重要的？"，等等，通过这些问题考察求职者是否认同A.O.史密斯公司的价值观，是否是A.O.史密斯公司所需要的人才。

（三）员工推荐

员工推荐这一招聘方式目前在国际、国内很多企业得到较为广泛的应用。员工推荐的招聘方式不仅招聘成本低、应聘人员素质相对高、可靠性相对强，而且，因为应聘人员与现有员工之间存在一定的关联性和相似性，所以离职率较低。

> **案例 4-2**
>
> ### 内部推荐"伯乐奖"
>
> 作为A.O.史密斯公司的一项特殊奖项，公司将"伯乐奖"列为和价值观推动大奖同等重要的奖项，选择在一年一度的全体员工参加的春节晚会上

颁发该奖项。2009年,我们参加了公司的年末重头戏——春节晚会。在轰轰烈烈的价值观推动大奖颁完之后,作为压轴戏,公司人力资源总监亲自颁发了"伯乐奖"。壁挂采暖炉销售总监以成功推荐人才数量最多、质量最高(成功推荐了3名候选人,其中经理级别、主管级别各1名,工程师级别1名)的推荐成绩,获得了2009年度的"伯乐奖"。事后,我们了解到,除了这位获奖者之外,公司还有3名员工分别成功推荐了2名候选人以及59名员工分别推荐了1名候选人成功到岗工作。"公司人才储备库的建立不仅要培育自己的'千里马'团队,也需要打造兼具识才能力和荐才魄力的'伯乐'。因此我们人力资源部设立了该奖项,希望大家都成为公司的'伯乐'。"公司人力资源部总监的一句话道出了公司招聘人才的"良苦用心"。

在A.O.史密斯公司,员工推荐是一条非常重要的招聘通道。A.O.史密斯公司不认为员工推荐是一种"近亲繁殖"或是会导致"拉帮结派",而认为这是员工对公司的一种信任,是对公司价值观的一种肯定。经过员工内部推荐的候选人,在被推荐过程中也会更加深刻地理解及认同公司文化理念和价值观。事实证明,A.O.史密斯公司员工推荐的招聘渠道在人才引进方面收到了良好的效果,其招聘合格率达到80%以上,大大超过其他招聘渠道。公司鼓励员工通过公司内部邮件、公告栏、公司官网等渠道获取内部最新的招聘信息,并为自己所在部门或者其他部门举荐符合条件的熟人和朋友,从而形成全员发现、推荐、引进人才的氛围。

二、内部招聘

内部招聘是指在企业内部获得企业发展所需要的各种人才,在A.O.史密斯公司,内部招聘的方式主要以竞聘上岗和岗位轮换为主。

（一）竞聘上岗

在A.O.史密斯公司，只要有岗位空缺，员工就可以根据自身特点与岗位的要求，竞聘适合自己的岗位。从人力资源部发布竞聘公告、相关部门对应聘者申请进行筛选、组织与竞聘岗位有关的面试到最后的录用决策，整个过程均体现了公平公正。比如，A.O.史密斯公司在内部招聘家用销售部苏州办事处的业务员时，招聘公告会明确资质要求："大专及以上学历，具有1年以上的工作经验；具备良好的团队合作能力及沟通能力；有较强的责任感和抗压能力；熟练使用相关办公软件"，符合条件的员工在提交申请后参加笔试和面试。其中，笔试内容主要跟竞聘岗位的工作相关。面试除了考核与竞聘岗位有关的工作内容外，更多的是对体现价值观行为的结果的考核，如CI积分的高低、参与"每日价值观"活动的情况等。而且，为了保证公平公正，面试官主要由该员工当前所在部门的主管、竞聘岗位的部门主管和人力资源部的主管组成。通过岗位竞聘，A.O.史密斯公司在充分尊重员工意愿的基础上，把员工个人理想、公司需要、组织安排有机地结合起来，促进了员工的合理流动和合理配置，形成协调、和谐的工作环境，充分发挥了员工的主观能动性和创造性。

（二）岗位轮换

岗位轮换可以培训员工的各项技能，无论哪个岗位缺人或者多人都可以灵活调整岗位人员，最大限度地节约人力，使整个生产体系保持高效率，更重要的是，岗位轮换为员工提供了广阔的发展空间，为员工提供了更全面、更深入地了解企业的机会，在更多的锻炼和体会中，增强了员工对公司价值观的认同感。A.O.史密斯公司在工作性质相似、工作技能要求相近的生产岗位之间实行定期轮岗，鼓励员工成为"多面手"，掌握多种工作技能。这种做法不仅降低了员工长时间做同一工作产生的枯燥感与厌烦感，而且使得员工可以一专多能,能互相帮助,万一有人请假,其他人则可以代替,保证了生产线的顺畅,对培养员工全局观念、改进工序质量也有很大的帮助。

A.O.史密斯公司的快速生产线承担了所有燃气热水器的生产任务,由于燃气热水器装配元器件较小而且数量较多,再加上因不同区域使用天然气、煤气等气源的差异,热水器品种、型号繁多。这样一来,同一条流水线就需要承担不同型号热水器的生产任务,每当热水器的型号发生变化时,就必须要经历一次更换型号的过程,称为"换型"。每次换型都要重新调整工艺和相关操作人员,关键岗位员工的缺勤势必将造成生产的延误。为了实现快速产品线"一线多能",公司针对快速产品线多样性的特征,合理选择、安排人员,采用轮岗培训的方式,尽量使每个操作者都能适应不同岗位、熟练不同产品的装配工作,通过人员多岗位操作能力的培训实现产品的柔性化生产。该项目的开展,缩短了产品换型的转换时间,由原先每班只能生产170台提高到220台左右,大大提高了该生产线的劳动生产率。

一位非常支持公司部门内部岗位轮换制度的员工说:"特别感谢公司的轮岗制度,让我们有了成为'多面手'的机会,让我们的职业有向上发展的可能!让我们坚信,在公司有奔头!"

(三)离职合作与复聘

没有企业可以百分之百地保留现有员工,企业可以做的是,不把这部分人作为损失,而是将其继续发展成宝贵的财富。面对人才的主动离职,一般企业最常见的反应是将重点放在招聘上,但对 A.O.史密斯公司来说,离职员工虽然因为各种原因离开,但始终抹不掉的是公司价值观在他们身上打下的烙印,他们依然会践行"四个满意",这又会让他们成为公司的永久财富,A.O.史密斯公司与他们的合作又将进一步深化他们对价值观的理解和认同,公言非先生就是一个很好的例子。2001年12月,公言非加入A.O.史密斯公司,担任公司人力资源部总监。在A.O.史密斯公司,公言非真切领悟到"四个满意"的含义,在他的带领下,人力资源部按照公司的要求,推出与公司价值观密切相关且富有特色的、具有量化指标的ASTAR项目①。该项目推行后,明显减轻了诸如"一线业务部门向总部反映相关支持部门解决问题的速度慢、流程复杂、有困难得不到帮助,存在很多抱怨"等现象,使工作流程不断简化,并强化了公司以客户为导向的服务文化。2012年12月,公言非因个人发展需要离开A.O.史密斯公司,创办了南京麦斯顿领导力咨询公司,并作为A.O.史密斯公司领导力发展项目主任,继续从事A.O.史密斯公司领导力培训工作。公言非所领导的咨询公司每年会以独立第三方的身份,对A.O.史密斯公司进行员工访谈,并根据访谈调查结果制订相关的解决方案。在借鉴多次参加A.O.史密斯公司及美国A.O.Smith公司培训所获得的经验、技能和资料的基础上,公言非从2013年开始对A.O.史密斯公司高层管理者有针对性地进行高级领导力培训②。这一过程不仅仅是合作的过程,也是对A.O.史密斯公司价值观的诠释和深化的过程。

  对于因为个人发展或者其他主客观因素主动离职的员工,A.O.史密斯公司会将其放入公司的人才库,并对其信息进行定期维护,像朋友一样互通信息。如果发现有离职员工的条件与公司空缺岗位相符时,公司会对其发出主动邀请。A.O.史密斯公司认为,公司的这种"软性"投入会增强离职员工对公司的认同度,让他们感受到公司对他们的信任,为他们的回归营造良好的氛围,同时公司还制定了专门的"复聘管理"制度。"我们制定'复聘管

---

  ① ASTAR:内部客户服务体系的量化评价系统,开发于2002年。其中,A代表Attention(关注),S代表Speed(速度),T代表Trust(信任),A代表Accuracy(准确),R代表Resourcefulness(能力)。ASTAR项目每年从这五个方面通过量化的方式评价各部门内部客户服务水平,找出需要提高的方面,并制订行动和执行计划。详见第五章。
  ② 高级领导力培训的内容详见第三章。

理'制度的目的很简单",A.O.史密斯公司人力资源部的主管解释说,"前雇员对企业的认知度肯定比新人要高,可以降低培训成本,而且离职员工愿意再回来,说明他们对公司有着很强的认同感。"

案例4-3

一位员工成功的离职复聘

在A.O.史密斯公司员工队伍中,不乏这样的人员,他们因为岗位薪酬、家庭因素等多种原因离开过公司,但是在短暂的离开之后最终还是选择返回公司。一位离职复聘的员工说:"当时因家人在另外一个城市,所以辞职去那个城市找了一家公司。但是到了那边之后,发现他们很不规范,入职培训简单粗糙,想学的学不到,学的基本都是用不到的东西,晋升的空间小、机会少,很多规章制度也很随意。干了一段时间之后,觉得还是A.O.史密斯公司好,就想回来。一开始还是有顾虑的,怕领导对我有成见,同事疏远我,升职加薪没有我。后来,我从人力资源部门了解到公司鼓励原来工作不错的离职员工回来,而且公司的同事关系比较轻松、简单,我也和一些离职后又复聘回来的同事聊过,他们回来后感觉也不错,再加上公司这边正好有与我原来工作内容相似的岗位,于是我便决定回来了。离开公司这么久,特别想回来,现在终于回来了!"

提及这一现象,人力资源部的经理很是自豪,"公司文化代表A.O.史密斯的一种基因,这种基因是独一无二的。只要认同公司文化,认同'四个满意',即使离开,也会带着这种基因离开。一些员工在外面工作一段时间后,还是选择回来。"

无论是通过外部招聘还是内部招聘,经过A.O.史密斯公司价值观筛选

进入或留在公司的员工,都能够认同并自觉践行"四个满意"的公司价值观。随着公司规模的扩大,相信会有越来越多的人开始加入并认同甚至主动推广这种价值观,最终形成一股强有力的以"四个满意"为中心的文化磁力,吸引更多的人才加入。

第二节 员工培训

把员工塑造成"企业人"是企业文化建设的根本目的。要把一个个体塑造成一个"企业人",必须把优秀的企业文化尤其是价值观内化为员工的思维模式,而培训是实现价值观内化的有效方式。通过培训可以让每一位员工明白企业文化尤其是企业价值观的内涵、企业文化和价值观在公司中的作用,以及员工个人行为如何体现企业文化和企业价值观。在A.O.史密斯公司,培训同样是一种行之有效的方式。一位参加过培训的员工说:"经过各种形式的员工培训,我已经完全融入公司的氛围中,而在培训中所学到的知识更为我们将来的工作打下了坚实的基础。梦想在这里扬帆,理想在这里起航。我就像海上的航船,而公司就是我们停泊的港湾,公司为我们的发展提供了有力的支撑和宽广的平台。"

一、培训与价值观

人才不经过细心的滋养与培育,很难成为真正的栋梁之才,这是企业的共识。但是很多企业在培训过程中,仅从企业发展史、企业文化、企业组织结构、工作职责入手,很少意识到价值观才是影响员工个体行为的真正原因,所以,企业在培训的过程中,要注重引导员工认同公司的价值观。

谈及A.O.史密斯公司企业文化培训的渊源,总裁丁威总是津津乐道。

工程技术背景出身的他，在担任公司总经理之后，数年来都"强迫"众多管理人员参加各种文化培训。对于丁威来说，从在美国A.O.Smith公司工作到参与A.O.史密斯公司的筹建，从采购经理到公司总裁，短短几年时间内有太多角色的转变，这让习惯于工程师思考方式的他有些不适应，"我也有'自以为是'等工程技术人员的通病，是培训让我改变了很多"。丁威举了一个例子，"在一次培训活动中，参加培训的24个人被分为6组，每组4个人。要求每组受训者将一盒火柴、一包面包、一把刀具等野外求生工具按重要性排序。我固执地认为火柴一定要放在首位，为此与同组其他成员进行了激烈的争论。后来公布的野外求生专家提供的权威答案表明，火柴并不是第一位"。丁威说："通过录像我看到了自己在一系列活动中的表现，我意识到并逐渐改掉了我在管理工作中所暴露出的性格缺陷。"正是因为获得了培训的益处，数年来他一直将培训作为公司管理的重要内容。

案例4-4

培训无预算，只要需要就得花

在A.O.史密斯公司，有很多没有预算的培训，如新员工的入职培训、管理培训生培训、领导力培训等。对员工的培训就是围绕价值观而开展的，例如，在管理培训生项目中，公司会在管理培训生入职的第3个、第6个和第12个月进行价值观考核，让他们深刻领会公司"四个满意"的价值观。公司还会安排经理或副总作为他们的辅导员。他们每3个月围绕"四个满意"做一次述职，只要达到要求就可以毕业。管理岗位的员工还会去美国、澳大利亚或日本进行培训，一次培训的费用就高达数千美元，还不包括住宿费用和差旅补助。在丁威看来，"培训无预算，只要需要就得花"，培训可以提高员工的综合能力，实现"员工满意"，可以提高他们的创新意识，带来"客户满意"和"社会满意"的产品,而且可以不断优化服务和生产流程,降低成本,实现"股东满意"。

在A.O.史密斯公司,对培训有这样一种说法:"培训就是一门'洗脑艺术',公司不光生产产品,也生产人,生产人的主要方式就是培训。"对公司来说,培训已不仅仅是"传道授业解惑",更是打破员工的思维定势,给员工灌输企业价值观的有效途径。为了达到这种目的,公司开展各种培训,并用丰富多彩的培训方式激发和保持员工的兴趣及热情,推动"四个满意"在员工之间的传播和交流,从而实现员工对"四个满意"价值观的认同。

二、多样化培训

上到公司高管,下到一线车间员工,A.O.史密斯公司设计了让新员工较快适应公司工作环境和企业文化的"新员工入职培训",提高销售人员销售技巧的"销售服务人员培训",为了让管理培训生更快、更好地适应工作的"管理培训生培训",以及让员工根据自身职业生涯发展情况自由选择的"自主学习"等。

(一)新员工入职培训

每年都会有自信又充满梦想的新员工进入A.O.史密斯公司,成为公司的新生力量。新员工在进入公司后要进行为期两周的集中培训,主要用于了解公司的企业文化、质量观念和基本的业务技能,具体内容可以分为三部分:车间实习、会议室培训和商场实习。在车间实习中,新员工不仅可以了解产品知识及生产工艺流程,有时还可以上岗动手操作,零距离接触产品的内部结构,老员工也会耐心地给新员工答疑解惑。在会议室培训中,新员工可以深入学习公司的企业文化、价值观,接触和了解公司各部门的情况,公司的奖学金项目、"Family day"、"暑期'艾欧'游"等也都会让新员工感受到公司文化和价值观。公司还安排新员工进入家电卖场实习，与顾客、直销员、家电卖场领导进行直接交流，让他们感受到公司卖场直销员对待工作的真诚态度、介绍产品时的自信，让新员工意识到要销售产品，必须先了解客户的需求，设身处地地为客户着想，使客户不仅能买到最好的产品，也能得到最好的服务。通过培训，新员工会迅速地适应公司的企业文化并从工作中寻找到自己的位置，获得成就感。一位新员工在培训结束后说："A.O.史密斯公司提供给员工一个施展才华的广阔平台，任你跃，任你飞！只要有勇气、团队精神和信心，你就可以在这里获得成功，实现人生的价值！"

（二）销售服务人员培训

A.O.史密斯公司设有专门针对直销人员培训的终端管理部门，隶属于销售管理部门。该部门有 5 名员工，其中有 4 名是培训讲师。除了每年定期对公司各地办事处直销员进行产品知识、销售技巧等方面的培训之外，还会在新产品上市之前以及销售旺季到来之前对直销员进行包括"新产品功能介绍""如何给客户提供一流服务"等的不定期的培训。通过这种方式将A.O.史密斯公司的"四个满意"深植于直销员的脑海并通过他们的具体行为反映出来。

案例 4-5

A.O.史密斯公司第一个价值观推动大奖——直销员培训项目

在竞争激烈的中国热水器市场，直销员与客户之间的有效沟通成为让客户对产品产生信任继而对产品所代表的公司产生信任的关键，如何让直销员了解产品和公司的最新信息成为一项艰巨的挑战。为了解决这个难题，公司销售部门的两位终端销售管理员进行了多次调查，发现直销员没有机会看到热水器的组装过程,因而对产品技术知识的理解不深刻。因此,他们特意开发了一个为期5天的直销员培训项目,主要是介绍产品特性和优点、安装和维护、公司历史、竞争对手资料和销售技巧。培训项目采用多种形式的培训方式,如讨论、角色扮演、工厂参观和集思广益互动等,特别是还引入了户外活动(类似于拓展训练)。这个创造性的培训项目自开展以来,不仅使直销员掌握了更多关于产品的知识,而且还提高了士气、增加了销售额。在当年的"价值观推动"活动①中被评为"管理流程改进奖"美国A.O. Smith公司当选奖。

为了提高销售人员对企业和产品的了解,A.O.史密斯公司还推出了产品推介顾问训练营。该培训为期5天,既有传统的授课又有参观工厂这类直观感受,更有拓展训练等趣味活动,各种培训方式让身处各地办事处的直销员在学习各种销售技巧的同时也感受到A.O.史密斯的公司文化,增强了其对公司的归属感和认同感。在培训过程中,考虑到受训者是来自全国各地办事处的直销员,对公司缺乏深刻感受,负责该培训的销售终端管理部在培训过程中引入了直销员讲述自身故事的环节,以引发其他直销员的共鸣,让大家一起在分享他人的经历中学习。比如,在课程中专门设置了成功案例分享、角色扮演等环节,鼓励受训者与大家分享自己的成功经验,同时模拟各种场景,让受训者在模拟的情景中寻找问题的解决方法。工厂参观让直销员亲身触摸产品和感受产品背后的故事,亲历现场感受行为如何体现价值观。通过回顾美国A.O. Smith公司140年的悠久历史引出A.O.史密斯公司成功走到现在的关键因素,诠释公司企业文化积淀背后的真正含义。

---

① 为实现价值观落地,A.O.史密斯公司围绕"四个满意"开展了一系列活动。详见第六章。

在激发直销员以公司为荣的自豪感的同时,让他们深刻领悟"四个满意"对公司的重要意义以及公司对"四个满意"的重视。另外,公司还通过拓展训练培养直销员的团队合作意识和相互信任;通过领导对话(只要总经理在公司,均会参加)让员工和公司高管之间实现互动,高管从直销员那里获取一线市场的具体信息并给予具体指导,直销员从高管那里体会公司以"四个满意"为中心的管理风格。一名接受培训的直销员在《A.O.史密斯通讯》中这样写道:"五天的培训虽然很紧张,但是我们感到既快乐又充实。"

2006年,A.O.史密斯公司按与用户家居热水器实际使用环境相一致的标准,在南京建立了一个培训基地,公司将销售人员在工作中遇到的异常情况总结出来并在培训基地现场模拟,让参加培训的人员亲自实践,寻找问题的解决方法。除此以外,公司在部分省会城市或中心城市还建有二级培训基地。该基地一般采取与服务网点合作的方式,由服务网点提供场地,公司提供培训资料,由公司在当地服务中心的工程师担任培训师,负责对网点服务人员进行培训。该培训除了提升员工的工作技能之外,更主要的是以一种持续性的、反复推进的模式让员工去接受和认同"四个满意",可以说是一种公司主导的让员工接受"四个满意"的宣贯方式,通过这种持续性的宣贯,让员工逐渐认同公司的价值观,在员工之间形成一种人人可以培训、人人可以相互学习的主动学习氛围。

(三)管理培训生培训

从2004年在校园招聘中选拔一定数量的优秀应届毕业生作为管理培训生,到2011年创新性地将管理培训生招聘渠道扩展至公司内部员工;从2009年招聘38名管理培训生到2013年招聘60名管理培训生,A.O.史密斯公司管理培训生数量逐年增加,培训也逐渐系统化。

管理培训生作为公司未来发展的人才储备,A.O.史密斯公司为他们制订了翔实的培养与发展计划,并为每一位管理培训生安排经理及以上的高管作为其辅导员。为了能使管理培训生更快、更好地适应工作,公司给他们安排了包括"项目管理""沟通协调""领导团队"等在内的各类锻炼形式课程。在培训中,管理培训生可以学到生产现场管理的相关知识,如"5S管理""目视化管理""设备管理""浅析浪费""解决问题的方法"等,使管理培训生们领悟到"管理＝维持＋改进"是管理的基本理念,明确"一目了然"是目视化管理的目的所在。在组织文化的学习中,管理培训生可以了解公司的成长历程,学习公司的价值观、"用心管理原则"和"五项基本原则"。在作为管理培训生的2年中,他们每3个月做一次述职,述职内容都和价值观有关,达到要求即可毕业,否则将退出管理培训生项目,成为一般员工。一位刚进入公司的管理培训生在参加完培训以后感慨地说:"刚进入公司的时候,无论是对企业文化的了解,还是对公司产品的认知都不是很多。就像一块干燥的海绵,体内没有多少'水分',自身也没有多少'分量'。可是经过培训,我发现我们这一块块小海绵正在通过不断地接受新知识来充实自己,通过吸收更多的水分来增加自身的'分量',同时,生长出新的海绵芽来增大自身的'容量',只有这样,才能为公司贡献一份力量。培训的结束正意味着工作真正的开始,我们一定会努力将所学用于公司的发展。"

(四)自主学习

在A.O.史密斯公司,员工可以根据自身情况,通过在线学习平台有针对性地选择所要学习的内容。目前,该平台培训课程已经发展到涵盖客户导向、管理沟通、团队建设、结果导向、创新、专业和激情等在内的7个模块,每个模块下面又大致设置了5—10门课程。为了增强在线培训课程的专业性、趣味性和互动性,公司在具体课程设置上开发了中英文双语培训,并且在课程中穿插一些卓越公司的领导人专题演讲视频和大量的管理技巧小贴士。另外,在学习的各个阶段,公司在课程中还设置了测试环节,让在线学习者了解自己的学习进度,适时地调整学习计划,保证员工学习的高效性。

在A.O.史密斯公司,各部门可以随时提出某种培训需求,并自行与具备这方面培训技能的部门或员工联系,选择合适的时间进行培训。另外,很多部门会根据需要,利用周末时间自发组织培训,"缺什么补什么,急用先学",尤其是工程研发人员,他们经常会自发组织培训,而这一事例又生动地诠释了他们对"四个满意"的认同与坚守。比如,全球工程中心曾利用周六的时间组织所有员工开展"Innovation(创新)"培训以及家用电热水器创新技术"头脑风暴"活动。负责人就如何使用"Innovation(创新)"工具对员工进行培训,重点是教授大家如何使用有关创新的两个实用工具:"8个好兄弟"和"7个臭虫",前者是指价值的源头,即从产品的性能表现、支付能力、特征表现、供应能力、适用性、维修能力、持久性和可见性8个方面寻找价值创新的契机;后者是指复杂性、精密性、多样性、灵敏性、不成熟性、危险性和技巧性,是导致产品质量差、价格高的原因,也是需要剔除的7个方面。该培训不仅扩大了创新的思路,还开辟了一条道路,让创新不再是随意、漫不经心或者无意义的乱想,而是变得"有据可循",为下面进行的头脑风暴活动做了铺垫(详见案例4-6)。

案例4-6

A.O.史密斯公司工程研发部员工自发的头脑风暴

A.O.史密斯公司的员工经常会为了一个问题自发进行培训,"缺什么补什么",开展"头脑风暴",大家集思广益。在会议准备阶段,工程研发部会从客户关怀中心收集顾客的反馈信息,然后把收集来的零散资料分类汇总,找出顾客抱怨多的方面作为背景资料提供给与会者;同时,会根据当前家用热水器的发展趋势,精选出讨论话题,并收集现有解决方案并加以整理归类,给与会者一个方向,以便其有目的地从不同方面进行思考。此外,在会议准备阶段,会议负责人会提醒大家头脑风暴活动的规则,包括会前准备(要求每人对每项议题至少准备一条想法),集中思想、自由奔放,提出的方案要具体等。在会议进行阶段,大家都非常踊跃,每个人都揣着自己的好点子跃跃欲试。大家你一言我一语,讨论得不亦乐乎,并且时常由同伴的点子又激荡出新的创意,极大地激发了大家的创新思维。在发言环节过后,会议负责人会要求各组把点子进行汇总,各组组长作为代表"秀"出点子,然后由裁判团根据各个点子的创新性、实用性打分,最后评选出该次活动的"金点子"!

整个过程中大家都热情洋溢,群策群力,结果更是硕果累累!这一活动既是对"四个满意"的践行,又是对"四个满意"的进一步深入。

经过培训,员工对公司的价值观有了更深入的理解和认同,由此带来的工作主动性、积极性与创造性也得到了充分的释放和展示:热水器包装工段的发泡工艺中,工人们用0.6元钱的材料就替代了8元钱的胶带胶贴;自建喷涂室,避免原先热水器涂层外包需要将工件送出公司外加工再运回公司所造成的成本浪费……更重要的是,A.O.史密斯热水器通过这种不断改进,赢得了在中国市场上的良好口碑。某钢铁厂的一位钢材经销商,在钢厂研发A.O.史密斯公司所需特殊钢材的过程中,对A.O.史密斯公司及产品有了充分的了解,最后决定放弃经销钢材的生意,转而请求代理A.O.史密斯热水器。他的理由是:这么好的产品,一定会有极为广阔的市场!事实证明,他的选择是明智的!

■ 小结

　　企业价值观强调共识,共识的过程就是把少数人的梦想逐步变成多数人的理想并逐步得到理解和认同的过程。A.O.史密斯公司为了让员工认同并践行企业的价值观,采用"双管齐下"的办法:首先,招聘认同企业价值观的员工;其次,在招聘的基础上,通过各种形式的培训,促进员工对公司价值观的认同,培养认同公司价值观的员工。价值观是一把无形的剑。认同的人越多,这把剑的威力就越大。统一的思想,可以使剑锋利无比;正确的意识,可以让剑的效用最大。A.O.史密斯公司的价值观之剑经过全体史密斯人的精心琢磨,眩目夺人,这把剑必将成为A.O.史密斯公司在通往基业长青道路上的无坚不摧的利器!

第五章
行为规范

····

行为规范不仅在公司日常运营和管理中起着重要的保障作用,也对员工的行为起着引导作用。一个成功和成熟的公司不仅有比较合理及完善的行为规范,而且公司的行为规范也应该体现公司的价值观。A.O.史密斯公司具有较为完善的行为规范体系,公司的行为规范并非只考虑一方的利益,而是综合考虑员工、股东、客户和社会四个方面的利益,充分体现出公司"四个满意"的价值观。本章介绍A.O.史密斯公司能体现公司价值观的行为规范,以及能强化公司价值观的行为规范。

第一节 行为规范体现价值观

行为规范只有体现公司的价值观,才能正确有效地规范和引导员工的行为,从而对公司的价值观管理起到保障作用。A.O.史密斯公司经过多年的价值观管理实践,形成了一套融入公司价值观的行为规范。在涉及员工核心利益的绩效考核与晋升方面,公司始终将"员工是否认同公司的价值观"作为关键的考察标准;在薪酬福利保障制度方面,公司每年根据第三方机构提供的薪酬调查报告,在"四个满意"的基础上,对公司的薪酬福利进行适当的调整;在内部审计方面,公司依靠完善的审计流程,坚决纠正和制止违反公司价值观的行为。在体现公司价值观的行为规范的引导下,员工通过长期表现出符合公司价值观的行为逐渐加深对"四个满意"的认同和内化。

一、考核与晋升制度

企业的考核和晋升制度对员工的行为具有引导作用,能够对员工的工作行为和工作结果产生积极的影响。A.O.史密斯公司在制定有关考核和晋升的制度时,融入了公司的价值观,从而使得考核和晋升制度成为A.O.史密斯公司实行价值观管理的重要工具之一。A.O.史密斯公司制定了较为完善的考核与晋升行为规范,比如员工的工作和产出要接受岗位评价、述职的考核,员工的晋升要遵守内部竞岗制度、班组长选举制度。

(一)内部竞岗制度

内部竞岗制度是A.O.史密斯公司一项重要的晋升制度,是公司根据内部出现的岗位空缺,从自愿报名的员工中选拔最适合从事该工作的员工,这是受到所有员工广泛关注和认可的制度之一。A.O.史密斯公司制定了完善的内部竞岗流程(见图5-1):如果公司的某个部门的岗位出现人员空缺,该部门会将空缺的岗位信息上报给人力资源部。人力资源部会将该部门空缺的岗位信息通过微信、邮件、公告栏张贴等形式告知每一位员工,然后接受员工的报名,组织笔试、面试,最后确定当选者。以一线员工为例,当一名一线操作工知道车间的某一个岗位出现空缺时,如果自己的条件符合并且自己想到该岗位上工作,那么他就会报名参加竞岗。然后公司组织笔试,考核竞聘者对现场5S、工作安全、物料管理等相关内容的掌握程度。最后,公司还会组织面试。为了保证面试的公平公正,面试官由该员工所在部门的经理、车间人力资源部专员和竞聘岗位所在的班组现场随机选择一名班组长组成,对竞聘者进行面试。同时,面试官在面试过程中还会向竞聘者询问参加过哪些改进项目、CI 积分有多少等问题,并作为比较和选择竞聘者的依据之一。在对竞聘者进行综合评价的基础之上,最终确定候选者。

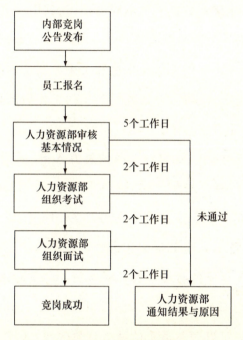

图 5-1 内部竞岗流程

A.O.史密斯公司的内部竞岗制度非常注重公平公正,体现出了公司所坚持的价值观。内部竞岗制度为员工提供了一个公平晋升的机会,因为这一制度为他们通过自身努力获得职业发展提供了制度保障。我们在访谈中也发现,公司的员工都非常关注和支持该项制度。

(二)述职制度

述职制度是体现 A.O.史密斯公司价值观并得到员工认同的一项考核制度。述职制度是针对行政人员、技术人员、管理人员(以下称"行技管人员")而进行的绩效考核和评定制度。行技管人员每年都要进行述职,对自己过去一年的工作进行汇报,并接受评审人员的提问,以此来评价其过去一年中的工作表现。为了保证评价过程的公平性,A.O.史密斯公司规定述职的指标要尽可能地定量化,并从绩效(绩效从高到低划分为A、B、C三个等级)和潜力(潜力从高到低划分为1、2、3三个等级)两个维度评价员工的工作表现。而且三名评审人员要来自不同的部门,其中一名是该员工所在部门的领导,一名来自人力资源管理部,另外一名是来自与述职者工作密切相关的其他部门的领导。评审人员会从述职员工所阐述的工作情况、参与的项目和活动中,找出关键事件,并以此对员工的工作做出评价,大大降低了因为员工个人表达能力的差异所产生的影响。

A.O.史密斯公司规定,如果员工的绩效为A等、潜力为1或2,或者绩效为B等、潜力为1,即在人力资源矩阵中处于A1、A2和B1位置的员工(具体见图2-1),那么员工就会被评定为高潜人员。同时,公司还规定,如果员工认为自己的表达能力或者其他因素影响了自己的述职结果,可以进行申诉,评审委员会与该员工的直接主管针对该员工的实际工作表现进行充分的讨论,以决定是否对该员工的评价结果进行微调。同时,A.O.史密斯公司规定,这种微调只可以调整员工的绩效评价等级(A、B、C三个等级),而不可以调整潜力评价等级(1、2、3三个等级)。

如果员工被评为高潜人员,在公司会享受到相对优越的待遇,包括优先安排接受培训,同时,该员工的工资要比非高潜人员有较大的涨幅。但是,一位员工被评为高潜人员并不意味着该员工会一直是高潜人员。如果在下一年的述职中,没有被评上,那么该员工就不再是高潜人员了。A.O.史密斯公司述职制度的评价过程不仅能体现公平公正,而且评价结果也能对行管技人员起到激励作用。

(三) 岗位评价制度

A.O.史密斯公司制定了岗位评价制度,实现对生产一线工作岗位进行动态评价,并以此作为调整员工工资的依据。岗位评价制度只针对生产一线工作岗位,主要对工作岗位要求的劳动强度、技能要求、工作环境等因素进行客观评价。这一制度的初衷是考虑到技术、环境的变化可能会影响工作岗位的要求,如果公司没有考虑到这一问题,还是按照之前的评价来给相应岗位上的员工发放工资,就有可能产生不公平,违背公司的价值观。为此,A.O.史密斯公司每年都要投入大量的时间和人力实施岗位评价,重新评价一线工作岗位级别,并兑现相应的工资。岗位评价制度维护了员工的利益,体现出公司的价值观,并得到一线员工的支持。

(四) 班组长选举制度

一线员工的工作效率和工作质量直接影响着公司产品的产量和质量,进而对公司的整体运营产生一系列的影响。因此,A.O.史密斯公司非常关注一线车间的管理,并注重在体现公司价值观的前提下实现对一线员工的有效管理,班组长选举制度就是其中有效的措施之一。

在A.O.史密斯公司,一线的生产车间会根据生产线的工序划分工段,每一个工段会划分为三个小组,每个小组大约10—20人,公司会在一个小组中设置一名负责人,即班组长,负责协助公司开展日常的管理工作。班组长选举制度的基本做法是通过员工无记名投票来选举自己所在班组的班组长。班组长选举的流程主要包括三个步骤:首先,在选举阶段,由车间人力资源专员组织员工进行无记名投票,而且只有当参加投票的员工人数至少占到该班组总人数的90%时,此次选举才被认为是有效的,同时实行现场选举、现场唱票;其次,在选举阶段结束后,车间人力资源专员会根据选票的结果选取票数前三名的员工进行面试,同时确保前三名的人选得票数都要超过总票数的1/3,否则不能进入面试环节;最后,在面试阶段,面试考官对候选者的业绩进行考评,虽然不要求候选人的业绩一定位列前三甲,但是业绩要相对比较优秀。

A.O.史密斯公司规定班组长可以连任,即如果一名班组长到了一个聘期(2年),可以连任一届(1年)。但是要满足两个前提条件:一个是车间人力资源管理专员在班组内做无记名的支持率调研时,该班组长的支持率高于60%;另一个是员工对班组长的现场管理、团队管理和处事公平公正等三方面的评价结果要达到比较满意的等级。在连任到期之后,这名班组长仍可以竞选下一任的班组长。

通过这种选举制度所产生的班组长一方面具备较好的群众基础,其品德、行为能够得到该班组内员工的认同,另一方面也具备较好的工作技能,这样的班组长才能更好地承担起带头和领导作用,才能够协助公司实现对一线员工的有效管理。

A.O.史密斯公司的考核和晋升制度体系不仅具有特色,比较合理和完善,而且能够关注和保障员工的核心利益,体现出公司的价值观,因而能够在公司中顺利推行,促进公司的发展。

二、薪酬福利制度

国内外很多的咨询公司和知名的招聘网站每年都会对员工关注的工作因素进行调查。结果显示,薪酬福利一直排在诸多因素的第一位,由此可以看出员工对薪酬福利的重视程度。A.O.史密斯公司也非常注重员工的薪酬福利,认为薪酬福利是员工的核心利益,是实现员工满意的重要因素,并以制度化的形式来保障员工能够获得合理的薪酬福利。

A.O.史密斯公司每年都会委托一家国际薪酬调查公司进行薪酬调查。

调查的对象是在北上广等城市与公司关联度较高并具有可比性的50家外资企业。为了保障调查对象选取的合理性,这50家被调查的外资企业是由公司的高管共同参与推荐并筛选的。调查公司会根据这50家外资企业标准岗位的薪酬水平,出具一份调查报告,提交给A.O.史密斯公司。A.O.史密斯公司在这份调查报告的基础上,与公司相应或者相近的岗位进行对比,并以此作为薪酬福利调整的基本依据。

在实现和保障员工利益的前提下,还要保障股东的利益。公司对员工薪酬福利的支出要在一个合理的比例水平。所以,薪酬调查公司还要给公司提供这50家公司薪酬福利支出的平均水平,以此来决定对公司薪酬福利的支出,保障股东的利益。

A.O.史密斯公司的薪酬福利调查制度很好地维护了员工的核心利益,保障员工能够获得符合市场水平的工作回报,同时,该制度也体现了股东的利益,有效地推进了公司价值观的落地。

三、内部审计

企业的价值观必须得到员工的认同,员工才会自愿地在日常工作行为中体现出企业的价值观。企业的价值观管理不是一蹴而就的,而是一个循序渐进的过程。因此,企业推行价值观管理还要建立约束制度,纠正和制止违反企业价值观的行为,保障价值观管理的顺利推行。为此,A.O.史密斯公司建立了内部审计制度和规范,设有严肃而高效的审计部门,通过行为规范的贯彻及高效的审计监督机制来保证公司价值观的贯彻和推行。

A.O.史密斯公司将内部审计工作定位为一种独立客观的监督和评价活动,它通过系统化和规范化的方法,评价公司的经营管理活动和内部控制过程的效率及效果,防范经营风险,改善运营状况,提高经济效益,帮助公司实现目标。公司的内部审计不仅对企业的生产经营环节进行审计,而且还对经营中不符合公司价值观的行为进行审计,起到监督价值观落地的作用。

为了保证内部审计的效率和作用,A.O.史密斯公司首先要求审计人员必须认同企业的价值观,并具备与从事内部审计工作相适应的专业知识和业务能力,熟悉公司的经营活动和内部控制,不断通过后续教育来保持和提高专业胜任能力。同时还要求审计人员在办理审计事项时,遵循职业道德规范,做到独立客观、公正勤勉、保守秘密,并保持应有的职业谨慎。审计人员与被审计部门或审计事项有利益冲突的,应当回避。内部审计人员应实施项目轮换制,同一审计项目原则上不得连续两次由同一审计人员执行,以确保应有的独立性。而且,审计人员依照规范执行审计任务,受管理层的支持与公司相关制度的保护。任何部门和个人不得拒绝、阻碍审计人员执行任务,不得对审计人员进行打击报复。

内部审计部门总监根据风险级别和重要性编制公司年度审计计划,每年向中国区总裁和美国A.O.Smith公司首席财务官提交年度审计计划,并要获得中国区总裁和美国A.O.Smith公司首席财务官的批准才能执行年度审计计划。公司为了保证具体审计工作的规范开展,制定了内部审计流程(具体见图5-2),详细规范内部审计工作每一个环节的具体工作内容。

为了规范内部审计工作,A.O.史密斯公司制定了内部审计流程规范,具体分为六个步骤,并且每一步工作都要接受审计监督。

第一步,签发内部审计通知书。项目经理填制内部审计通知书,经内部审计总监批准后,原则上在例行审计现场实施的前三天,将内部审计通知书送达被审计单位。

第二步,成立审计小组。内部审计总监根据内部审计项目计划,选派审计人员组成审计小组,并指定项目经理。审计项目实行项目经理负责制。

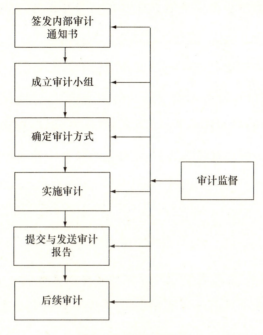

图 5-2　内部审计流程

必要时,可邀请其他专业人员参与审计或者提供专业建议。

第三步,确定审计方式。内部审计部门采取就地审计的方式,或者根据工作进度的安排,实行年度定期审计或年中不定期审计。

第四步,实施审计。审计小组依据内部审计项目计划,确定审计目标和范围,制定审计程序,运用多种方法获取必要的背景信息和考虑相关的风险,完整记录有关的信息,建立审计工作日记制度。

第五步,提交与发送审计报告。根据审计发现的违规问题及被审计单位相关管理负责人反馈的具体计划、改进措施,形成最终的审计报告。审计部门会将审计报告发送给审计内容涉及的相关负责人及相关的管理人员,以保证及时采取改进措施或保证改进措施的有效施行。同时,审计报告也会发送给被审计单位的管理层。

第六步,后续审计。对报告中列示的审计发现和建议,审计部门会根据报告中的计划改进措施的完成日期对其进行后续审计,及时了解被审计单位对审计意见的采纳情况,监督改进措施的执行情况。

以上每一个步骤都要接受内部审计总监会的监督,从制订审计计划开始,贯穿于检查、评价、报告和后续审计的各个阶段,以确保实现审计目标,保证审计质量。内部审计部门也会定期开展审计工作的评价,检查已开展审计工作的质量与制度的符合程度,不断提高审计工作的效率和效果。

案例 5-1

匿 名 举 报

匿名举报是 A.O.史密斯公司价值观管理的重要管理工具之一。公司鼓励员工对违反价值观的行为进行举报,举报的对象可以是任何人,包括上司、下属,甚至是不相关的员工。举报行为超越员工个人之间的恩怨,完全是对事不对人。同时,公司考虑到举报违反价值观的行为可能会给员工个人带来负面影响,比如,员工发现上司有违反价值观的行为,如果他举报了上司,有可能会受到上司的打击报复;如果举报了自己的同事,有可能使得两个人结怨,在以后的工作中两人可能会因此产生矛盾冲突。所以采取匿名举报的方式来监督违反价值观的行为。

另外,由于美国 A.O.Smith 公司是一家全球性的公司,其所雇用的员工遍布全球多个国家和地区,员工使用多种语言进行交流,所以公司为了方便员工随时举报违反公司价值观的行为,开通了 7 种语言的 24 小时举报电话。

在 A.O.史密斯公司,内部审计制度和规范体现出了监督作用,同时也获得了员工的支持、认同和参与。公司的无报复政策为员工举报公司中违反价值观的工作行为提供了制度保护。开通正直援助热线,方便员工及时地举报违反公司价值观的行为。这些举措为公司价值观管理提供了强有力的保障。

> **案例 5-2**
>
> **无报复政策**
>
> 只要是善意举报违反公司指导原则或政策的可疑事件,就不会遭到报复。根据公司政策,报复举报者的任何人都将受到处罚(甚至终止雇佣关系)。
>
> **问题**:我有证据表明某个公司领导可能违反了公司的政策,还可能犯法。我担心如果举报这个问题,可能会因此而失去工作。
>
> **解答**:您有责任举报问题,公司不会容忍任何形式的报复,处理可能触犯法律、公司政策或道德标准的行为符合我们所有人的最佳利益。请记住,您有多种举报渠道。您可以联系您的上司、公司领导、人力资源部、法务部或正直援助热线。

第二节 行为规范强化价值观

在 A.O. 史密斯公司还存在另一类工作行为规范,这类行为规范对员工的日常工作行为提出具体的要求,时时刻刻强化员工对公司价值观的认同。具体而言,在 ASTAR 项目方面,公司要求内部部门之间通过上下游关系确立各自的内部客户,下游部门要按照最终实现"四个满意"的标准,帮助上游部门改进和改善,共同捍卫公司的价值观;在内部沟通方面,A.O. 史密斯公司专门打造了"跨级别交流会",大大加强了各级别之间的信息传递效率,并使得员工在每一次的沟通过程中,都能够更好地学习管理者传播的公司价值观;在每日价值观管理方面,公司通过明晰的奖励制度引导员工表现出符合公司价值观且超出公司期望的行为,从而加深其对"四个满意"的理解;在售后服务方面,员工根据公司的服务回环流程,积极地帮助客户解决问题,进一步把握公司价值观的内涵。员工正是按照公司的各项日常行为规范要求,积极地践行公司的价值观,不断地强化自己对"四个满意"的认同。

一、ASTAR

早在2002年,A.O.史密斯公司就意识到内部服务的重要性,并将内部服务看作是公司文化建设的重要部分,认为提升内部服务水平是营造公司和谐工作氛围和提升公司绩效的重要途径。A.O.史密斯公司认为,公司部门之间的服务质量会影响公司的利润,进而影响着公司"四个满意"价值观的实现。所以,为了向终端客户提供更加快速、优质的服务,A.O.史密斯公司建立了ASTAR,即构建以市场为导向的内部客户服务体系。

A.O.史密斯公司为了提高部门之间的协作效率,并不是简单地制订计划,运用一定的管理手段来提升每一个部门的服务水平,而是基于公司的价值观,从整体的视角来分析部门之间的服务与被服务关系,然后开发管理制度,通过制度的贯彻落实来提高企业的整体服务水平和绩效。

首先,A.O.史密斯公司对部门之间服务与被服务的关系进行界定,将被服务的部门称为"内部客户",简单地说,下一道工序的承担者就是客户。例如,人力资源部要为产品研发体系提供人才等方面的服务,那么产品研发体系就是人力资源部的"内部客户"。但是,A.O.史密斯公司具有多个部门,有的部门可能会为多个部门提供服务,那么应该如何确立公司内部客户网络?为此,A.O.史密斯公司进行了从上至下大范围的研讨和培训。经过不间断的研讨,最后取得一致意见,认为建立内部客户服务体系应该是有层次划分的,不同层次上的部门所服务的对象是有差异的,并由此绘制了公司内部客户服务网络图(见图 5-3),其中第一层为最外层,第四层为最内层,相邻的两层中内层的部门是外层部门的"内部客户"。

图 5-3　公司内部客户服务网络图

其次,A.O.史密斯公司选取五大指标来评价内部客户的服务水平。在明确了公司内部客户服务的网络之后,如何真正地提升内部服务水平,还需要将这一思想体现在管理实践之中,进行具体化,实现可操作化。公司管理层经过多次研讨,找出优质内部客户服务应该具备的五个关键要素,即关注(Attention)、速度(Speed)、可靠(Trustworthiness)、准确(Accuracy)和有能力(Resourcefulness),同时针对公司实际情况将五个关键要素分解为可以进行量化评估的行为标准,每年以问卷的形式进行一次匿名打分,以此作为评价内部客户服务水平和质量的标准。

案例 5-3

衡量内部服务水平的五个关键要素（ASTAR）

A（Attention）——关注

客户希望获得尊重，他们想要知道我们很重视他们，并珍惜为他们提供服务的机会。

S（Speed）——速度

客户期待准时的服务及快速的响应，其中"准时"与"快速"由客户来定义。

T（Trustworthiness）——可靠

客户想要感受到为他们提供服务的人员有专业水平且能信守承诺。

A（Accuracy）——准确

内部客户希望事情在第一次时就做对。

R（Resourcefulness）——有能力

客户不需要你"一视同仁"般的服务，他们期望服务人员具有高效解决问题的能力。

再次，采用匿名问卷打分的形式，对内部客户服务水平进行评价。① 形式。考核以问卷的形式，考察关注、速度、可靠、准确、有能力五个关键的服务考核指标。这五个指标分别用简单、通俗的语句进行描述，员工根据自己平时的感受进行打分。同时，为了对打分者的信息保密，采用匿名打分的方式。② 打分者。参加问卷打分的员工不是固定的或指定的，而是由人力资源部门随机抽取的。被抽取出来的员工只能对为本部门服务的部门进行打分，如果有多个部门为员工所在的部门服务，员工就要对多个部门进行打

分。所以,2013年,虽然只有3 299名员工参与了ASTAR评价,但公司最后收到有效的问卷6 425份。另外,公司还要求参加ASTAR问卷打分的员工加入公司至少满半年,因为只有在公司工作了一段时间的员工才能熟悉公司的情况,这样才能保证测评结果的客观、公平和有效。

最后,评价结果对部门和员工都会产生影响。公司规定每年都要进行ASTAR考核,要求排名在倒数五位的部门将ASTAR得分的提高、工作的改进作为来年的考核目标,并赋予权重。如果员工所在的部门没有实现年度的ASTAR水平目标,那么该部门就有可能无法获得部门团队奖金。

案例5-4

提高后勤服务意识

2006年,A.O.史密斯公司迎来了公司业绩的快速发展,伴随着公司规模的扩大和人员的增加,由于资源有限,公司内部不可避免地出现了一些问题。为了最大限度地合理化配置和利用资源,提高内部客户满意度,总裁办全体成员在及时了解各部门所需,与各部门进行多方沟通,达成共识的基础上,采取了以下措施:

1. 在会议室满员的情况下,为了使外来人员(包含面试人员)有个固定的等候区,在大厅处增设茶几、书报架,供大家阅读、等候。

2. 为了使大家有个舒适的环境,将一、二楼的茶水间和洗手间进行翻新。

3. 为公司所有车辆提供统一办理油卡的服务。

4. 重大节日礼品选择、方案设计、发放及跟踪。

5. 班车调整,优化班车线路,设立车长,维护班车秩序。

6. 手机话费制定新的标准。

总裁办在资源有限的情况下,挖掘内部潜力,合理、科学地利用资源,聚集智慧,全力为各部门提供优质的服务,同时与各部门多方面沟通,不断改进,赢得了各方面的好评,提高了内部客户满意度。

A.O.史密斯公司非常重视ASTAR,并且从2002年到现在,每年都在坚持,使得公司总体的ASTAR得分逐渐提高,呈上升趋势(见图5-4)。同时,A.O.史密斯公司为了进一步提高公司总体的ASTAR得分,自2011年起,公司将ASTAR的理念和方法进一步升级推广,将公司主要的代理商也包含在"内部客户"群体之中,有力推进了公司内部整体服务水平的提升。现在ASTAR考核已经成为A.O.史密斯公司比较成熟的重要管理工具之一。这一行为规范的推广与实施使得A.O.史密斯公司的内部服务水平有了较大的提升,部门之间的协调更加高效,为进一步提升公司的整体绩效起到了保障作用。

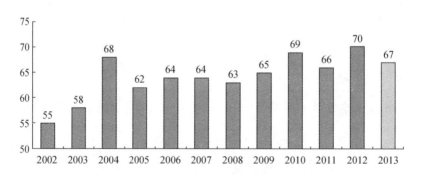

图5-4　2002—2013年公司总体的ASTAR得分

在A.O.史密斯公司的价值观管理过程中,ASTAR这一行为规范不仅有效地评价、监督和约束员工的行为,而且使员工在思想上认同公司的价值观,在行为上符合公司的价值观,有效地推动了公司价值观管理的落地,实现了员工对公司价值观的深层次理解和心理认同。

二、员工沟通制度

沟通交流在企业管理中起到重要的作用,不仅能够让员工有机会反映自己的观点和关注的问题,还能促进上下级的互动、提升员工对上司和企业的信任,同时沟通还能促进员工对公司价值观的认同。在A.O.史密斯公司,员工与领导沟通的渠道和形式是多种多样的。员工可以通过微信、短信、邮箱等多种渠道反馈和表达自己的意见及观点。当然,员工也可以直接到领导办公室甚至是公司总裁的办公室去面谈,因为公司规定所有的领导人员的办公室都要敞开着,随时接受员工的来访。

跨级别交流会是A.O.史密斯公司领导和员工进行沟通的一种制度化的形式与渠道。该交流会是公司推动价值观管理的一项重要的行为规范,它不仅能让员工反映问题,还能让员工从公司价值观的角度分析问题,在公司价值观的框架内寻找问题的解决方案。这一过程不仅深化了员工对公司价值观的理解,而且也进一步促进了员工对公司价值观的认同。

A.O.史密斯公司推行跨级别交流会也并非是一帆风顺的。刚开始,公司只有几百人,跨级别交流会在公司的餐厅内举行,公司各部门的主要领导到场,要求员工在会上提出与工作相关的要求和问题,领导在尽可能的情况下当场解决,给员工答复。如果问题比较复杂,当场解决不了,公司也会在规定的时间之内给员工答复。当时主要是以开大会的形式进行跨级别交流。

后来,随着员工人数的增多,所有员工不可能都参加跨级别沟通会。同时,公司也发现这种形式的跨级别交流会,员工参与的积极性不高,而且员工关注的问题有很大的差异,实现不了交流的预期目的。后来经过讨论研究,将大会的形式改为小会,并由公司的高管主持。一般情况下,会议由20—30人参加,讨论的问题围绕着某一个议题,如"薪酬""劳动强度"等,对于员工反映的问题尽量当场解决。若当场解决不了,会在规定时间内给员工反馈,并将问题解决的情况、问题解决的时间、问题解决的责任人等回复张贴在员工去餐厅必经的走廊橱窗及各个车间的信息公告栏中。

另外,为了有针对性地解决一些问题,A.O.史密斯公司还会随机抽取部分员工进行跨级别交流,以及时获得员工的意见,强化"员工满意"的价值观。在A.O.史密斯公司,每一名员工每年至少会参加一次跨级别交流会,以此来保障员工有机会和公司的领导层面对面地交流。公司也可以获得员工的意见和建议,这也是实现员工满意的一个重要的渠道和方式。

三、每日价值观管理

在一次跨级别交流会上,A.O.史密斯公司生产一线的员工反映他们有非常强的意愿参与公司的价值观推广活动,但是现有的推广项目主要适于行政、技术、管理人员参加,他们参加的机会很少。公司为了让生产一线员工参与到公司价值观推广活动中,在日常的工作行为之中体现出公司的价值观,在2013年推出了每日价值观管理。每日价值观管理是针对一线生产员工而进行的价值观管理行为规范。该行为规范的制定与执行,一方面是为了提升一线工人的工作热情,完善公司针对一线工人的及时赏识机制,鼓励上级及时赏识下级。另一方面,通过每日价值观管理不仅使员工对公司价值观的理解进一步深化,而且增强了员工对公司价值观的认同,并推动了公司价值观管理。

同时,A.O.史密斯公司还制定了详细和可操作的每日价值观管理流程,包括每日价值观提案、提案审核、激励和每日价值观之星评选等四个环节。

第一步,提案。由员工所在班组的组长针对一线员工当天任何符合公司价值观标准(四个满意)并超出期望的优秀行为,提出每日价值观提案。

然后,填写每日价值观提案卡(见图5-5),并统一交至本部门经理审核(部门经理或主管如果发现优秀行为也可以并填写提案卡)。

图5-5　每日价值观提案卡

第二步，审核及标准。部门经理对每日价值观提案进行审核，每天按不超过 10% 的比例评选出每日价值观当选奖，并在当选感谢卡（Thank You Card）背面留言并签字。每日价值观的审核标准是对一线生产员工当天任何符合公司价值观标准（四个满意）并超出公司期望的优秀行为进行奖励，这些行为包括：① 发现非本岗位质量职责范围内的质量问题、隐患，并积极推动处理；② 发现非本岗位职责范围内批量质量事故或重大质量问题并积极及时上报处理；③ 发现重大安全隐患点并及时主动提出自己的整改方案，协调相关人员实施改进；④ 个人 5S 工作表现突出，对周围员工产生积极影响并提升了团队的 5S 水平；⑤ 在全面生产设备管理（Total Productive Equipment Management，TPM）活动中表现突出，体现出"主人翁"的精神。除了以上形式之外，A.O.史密斯公司还规定，行为符合公司"四个满意"价值观标准且做出了超出期望的贡献，也在每日价值观评选的范围之内。

第三步，激励。激励的形式分为两种：一种是物质激励。员工每获得一张感谢卡，公司就会奖励员工 10 元人民币，而且每五张感谢卡可领取一张礼品券。另一种是精神激励。部门经理于第二天晨会时向本部门人员发放前一天每日价值观当选感谢卡（感谢卡须由部门经理签字后生效），并将其姓名、照片、受表彰行为在车间的滚动显示屏上表彰 3 个工作日。

第四步，"每日价值观之星"评选。每月 10 号之前，公司根据员工当月累计获得每日价值观当选卡的次数进行排名，位列前十名的员工（且每人获得感谢卡的次数达到 4 次及以上）将被评为月度"每月价值观之星"。其当月获得的每日价值观奖励翻倍，并会在车间的滚动显示屏上被表彰 1 个月。

公司的统计表明，2013 年 9 月，即在每日价值观管理实行的第一个月，共评选出 140 份左右的提案，2014 年 3 月增长到 1 000 份左右。这说明 A.O.史密斯公司的每日价值观之星活动，激发了生产一线员工参与公司价值观推广活动的积极性。

四、售后服务

"客户满意"是A.O.史密斯公司价值观的一部分,那么怎样才能实现客户满意的价值观呢?公司提供高品质的产品是实现客户满意和公司价值观的一个重要的途径,同时为客户提供优质的服务也是实现公司价值观的另外一个重要的途径。尤其在热水器市场中,产品的品质趋同,服务成了影响顾客满意的主要因素。A.O.史密斯公司为了提升售后服务的质量,实现"客户满意"的公司价值观,推行营服一体化的策略,以保证产品安装的时间和服务的质量,制定了服务回环行为规范,具体流程是:

第一步,售后服务人员先和顾客电话预约安装时间和地点,之后上门为顾客提供售后服务,并按照公司的规定进行安装。

第二步,安装完后,要将顾客的信息进行登记,包括顾客购买的机器型号、购买时间、联系电话等信息,并将这些信息录入到公司的客户信息系统中。

第三步,客户关怀中心会在3天之内进行电话回访,询问对产品安装、服务的满意情况,以及产品和服务有无问题,同时请客户对售后服务人员的服务进行满意度评价,并将结果录入系统。

第四步,A.O.史密斯公司会对每一位售后服务人员的服务满意度打分进行统计,并反馈给他们,而且会对他们的奖惩产生影响。

为了实现服务回环行为规范的有效执行,A.O.史密斯公司制定了用户信息跟踪处理流程行为规范和投诉流程行为规范。其中,用户信息跟踪处理流程行为规范是为了实现对用户的100%的回访,发现用户抱怨、投诉并及时解决。该行为规范由客户关怀中心和客户服务部共同制定,并会同驻外服务体系负责该流程的实施。用户信息跟踪处理流程具体包括三个方面的内容：

第一个方面,及时发现问题。客户服务中心经理或第一责任人必须每日查看已录入系统的上门服务信息完成情况,并重点关注未反馈上门完成情况的信息、更改上门时间的信息、回访中发现的未完成或用户抱怨的信息,如缺货/缺配件、未上门/未修好、反馈与实际收取费用不符、用户号码错误等信息,以及回访过程中用户反映的对服务不满意和非常不满意的信息。

第二个方面,信息的处理方式。如在"回访中发现的未完成或用户抱怨的信息"中,对用户反映"缺配件"项,各服务中心经理或第一责任人必须以最快的方式予以解决,并于24小时之内反馈处理结果；对于用户不明或者无法联系上用户的信息,各服务中心下载相关信息并予以核实,在系统中进行更正。

第三个方面,信息跟踪。对于以上所有信息,各服务中心经理或第一责任人必须在月终报告中体现各类信息的跟踪完成情况和针对未完成部分的后续行动方案。用户信息跟踪处理流程建立了公司和用户信息连接的通道,它的推行大大提升了客户对产品的售后服务的满意水平,同时也促进了公司销售的持续快速增长。

用户信息跟踪处理流程(见图5-6)实现了公司和客户的信息连接通道,帮助公司及时发现服务中存在的问题。但是,应该如何解决在使用产品过程中出现的问题,以实现"客户满意"的价值观呢？A.O.史密斯公司开发了投诉流程行为规范。投诉流程行为规范用于规范投诉的处理流程,确保用户投诉得以及时、满意的处理,并适用于产品销售及服务过程中产生的所有类型的用户投诉,包括：① 事故类。例如非服务技能原因导致的漏电、漏气、漏水、失火、爆炸、坠机(指由于没有正确安装机器,导致机器脱落坠地)等事故。② 服务类。例如违反公司服务规范、协议的行为。③ 物流/销售类。例如由于配送、销售、市场宣传过程中出现的用户强烈抱怨的产品或政策类问题,用户对公司产品、政策不认同的投诉。

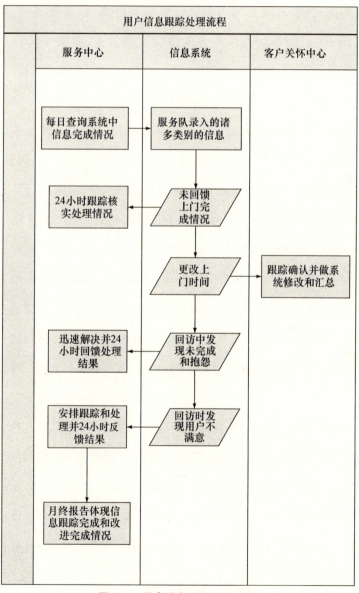

图 5-6 用户信息跟踪处理流程

投诉流程的循环始于用户的投诉,客户关怀中心接线员接到投诉后,录入电脑流程中,客户关怀中心专员对录入信息进行确认并生成投诉,然后各服务中心负责投诉的处理直至最终完成。客户关怀中心负责对投诉处理过程和结果的跟踪,客户服务部负责投诉处理的协调、监督及处罚,具体流程见图5-7。A.O.史密斯公司对用户的投诉非常重视,服务中心最迟必须在24小时内反馈投诉处理意见;处理情况的填写中必须有明确的处理方案及具体时间;服务中心必须将最终的处理结果及时在网上做反馈,"完毕时间"只有在确认用户问题被解决后方能填写。如服务主管因条件限制无法做到及时上网回复,可致电客户关怀中心委托服务专员代为回复。对超过24小时未处理完毕的投诉,每天以邮件形式提醒各服务中心并抄送客户服务部经理、服务总监。对超过72小时未处理完毕的投诉,客户关怀中心的工作人员每天以危机信息处理的方式通知各服务中心进行预警,同时反馈给客户服务部经理、服务总监。客户服务部负责督促、协调各服务中心及时处理投诉。另外,针对前期处理未能使用户满意的二次投诉、危机类信息中已经造成人身或财产伤害的、当地第一处理人给出的解决方案不能解决问题的都会直接在系统中生成二级投诉单,同时电话通知各大区经理、客户服务部经理和服务总监。

同时,A.O.史密斯公司对投诉进行考核。客户服务部和客户关怀中心共同对投诉进行初判,每月月底由客户关怀中心对投诉初判进行汇总,将投诉初判汇总表以邮件形式发送给相关地区的服务经理/主管、客户服务部经理、客户关怀中心经理、服务总监。各服务经理/主管确认信息后将投诉初判转达给各经销服务商,然后按规定进行相应的惩罚。经销服务商如对投诉责任的界定及扣款有异议,可以进行申诉,但最多只能进行两次申诉。

服务回环行为规范可以及时发现服务过程中出现的问题,提升公司的

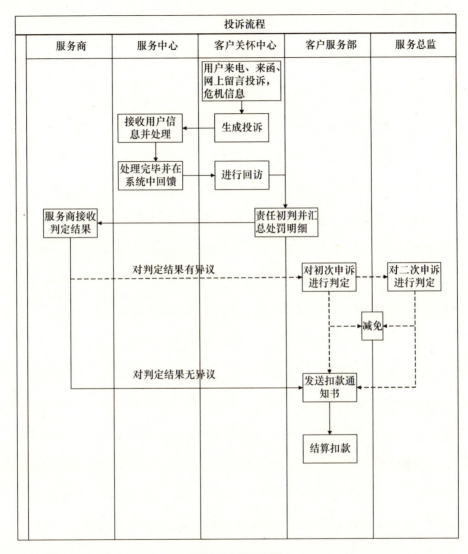

图 5-7 投诉流程

服务质量。另外,A.O.史密斯公司还采用多种形式的行为监督服务质量,如电话回访、网络问卷、入户调研、神秘顾客等。公司的这些举措在员工内心强化了客户满意的重要性,实现了员工内心对公司价值观的认同,进而在行为上体现出公司的价值观。

案例 5-5

"神秘顾客"

"神秘顾客"就是公司为了发现服务暗点,有针对性地改进服务品质,提高非常满意度[①]而引进的一种监督售后服务的方法。"神秘顾客"一般由出差到当地的总部人员、驻外服务工程师来担任。"神秘顾客"会在 A.O.史密斯公司的服务人员上门之前到达用户家中,说明要对公司售后服务进行监督的来意后,请求用户配合自己的工作。如果获得允许,"神秘顾客"就会以用户亲戚的身份,在服务人员作业时,观察服务人员的行为,并不时故意提出违反操作流程的要求观察该服务人员的应对情况。事后,"神秘顾客"会把观察的结果反馈给公司有关部门,作为服务改进的依据。

A.O.史密斯公司为了提高售后服务水平,规定每年每个区域都会有具体的"神秘顾客"任务指标,即每年完成上门监督的任务次数,服务满意度偏低的地区的任务指标会更高。另外,考虑到每个地区的服务工程师和安装服务人员认识和熟悉之后,起不到监督的作用,公司会采用交叉检查的方法。具体做法是,两个不同地区的服务工程师会到对方的服务区域中扮演"神秘顾客",尤其是当服务工程师到异地出差时一般都会安排"神秘顾客"的任务,并将其观察到的问题反馈给当地的驻外办。

A.O.史密斯公司的工作行为规范是在公司价值观的基础上,根据实际需要,从无到有逐步进行开发、改进、完善和积累而形成的。一方面,这些行

[①] A.O.史密斯公司将"顾客满意度"由原来简单划分为"满意、一般、不满意"三个维度细化为"非常满意、满意、一般、不满意、非常不满意"五个维度。其目的是有针对性地提高产品质量和服务品质,提高客户的满意度和忠诚度。

为规范维护了员工、客户、股东和社会的核心利益,体现了公司价值观,促进了员工对公司价值观的认同。另一方面,公司还通过这些行为规范进一步强化了公司的价值观,为公司的价值观管理提供了支持与服务,在公司成功实施价值观管理过程中贡献了重要的力量。

◼ 小结

A.O.史密斯公司为了推行价值观管理,实现价值观的落地,基于公司的价值观开发出了较为完善的行为规范。这些行为规范可以分为两大类:一类是能够体现价值观的行为规范,另一类是起到强化公司价值观作用的行为规范。这两类行为规范,虽然有一定的差异,发挥作用的方式也有所不同,但是最终目的都是为了实现员工对公司价值观的认同。在A.O.史密斯公司,这种以价值观为导向的行为规范对公司价值观的落地起到了重要的作用。

PART FOUR

第四篇

润物无声

  有管理者说：我们也进行价值观培训，我们也要求领导者以身作则践行公司价值观，但感觉并没有什么效果，价值观只是公司的价值观，好像和员工没有多大关系。

  A.O.史密斯公司认为：价值观管理的推进除了领导重视、以身作则之外，还要有相应的企业文化氛围的配合，良好的企业文化会为价值观管理提供源源不断的能量和活力，促进员工对公司价值观的认同。

  耳濡目染，不学以能。

第六章
文 化 浸 润

••••

作为一家百年公司,A.O.史密斯公司传承了美国A.O.Smith公司的文化基因,在中国凝练成"四个满意"的价值观并最终落地。A.O.史密斯公司价值观的落地除了领导自上而下的引领、制度全面系统的保驾之外,还需要春风化雨般的文化浸润,以全方位强有力的推动活动,使公司的价值观真正浸润员工的心灵。通过这些活动,引导每个员工做自己该做的事情;当员工做这些事情时,不需要任何人告诉他,也不需要任何人监督。本章介绍A.O.史密斯公司怎样通过具有A.O.史密斯价值观烙印的日常宣传营造文化氛围,以及A.O.史密斯公司如何通过"价值观推动"与CI(Continuous Improvement,持续改进)两大特色活动促进价值观落地,让公司的价值观潜移默化成员工做事的价值取向,使员工通过简单事情背后蕴含的价值观去处理复杂的问题,学会换位思考,多问自己:"如果我做这件事,是否符合'四个满意'?"

第一节 营造文化氛围

A.O.史密斯公司总裁丁威在很多场合一再强调:每个员工都要把"四个满意"作为一把尺子,无论做何事、做何决策都要拿它来量一下,符合了再进行,不符合就要放弃。事实上,在 A.O. 史密斯公司,每一件事情、每一个角落,甚至每一位员工身上,都能看到价值观的体现,这早已成为所有 A.O. 史密斯人日常生活的重要组成部分。

一、深入人心的价值观标语

A.O. 史密斯公司通过一些简洁、响亮、深入人心的宣传标语,帮助员工迅速理解文化内涵。这些标语从口号、价值观、有效管理原则等方面,指导着员工的实践。

案例 6-1

美国 A.O. Smith 公司价值观标语——文化传播的有力工具

口号:

通过研究,寻找一种更好的方式(Through research, a better way)

价值观:

争创利润,力求发展(Achieve profitable growth)

重视科研,不断创新(Emphasize innovation)

遵纪守法,保持声誉(Preserve a good name)

一视同仁,工作愉快(Be a good place to work)

保护环境,造福社区(Be a good citizen)

五项基本原则:

对事不对人(Focus on the behavior, not the person)

维护他人的自信和自尊(Respect people's self-confidence and self-esteem)

保持建设性关系(Maintain constructive relationship with others)

主动改善情况(Take initiative to make things better)

以身作则(Lead by example)

用心管理原则：

倾听并理解我（Hear and understand me）

即使你不同意我，也请不要否定我这个人（Even if you disagree, please don't make me wrong）

承认我的伟大之处（Acknowledge the greatness within me）

记得寻找我良好的意图（Remember to look for my loving intentions）

用怜恤的心告诉我事实的真相（Tell me the truth with compassion）

（一）百年传承的口号

在A.O.史密斯公司，每一位员工都需要熟悉、理解一本封面为紫色的印刷精美的册子——《通过研究，寻找一种更好的方式——A.O.史密斯公司的历史》。这本册子的名称同时也是美国A.O.Smith公司传承了一个多世纪的口号。这句口号是自A.O.史密斯公司创立以来，公司领导者一直坚持的价值理念。用这句口号作为公司重要文化手册的标题，意在希望所有员工都能意识到公司百年长寿的秘诀正是来自对价值观的坚持。

A.O.史密斯公司的口号正确反映了客观事物的发展规律，因而也能够指导员工有效地开展实践活动，促进公司的可持续发展。在口号的指引下，A.O.史密斯公司希望员工从过去的经历中汲取经验与教训，不懈追求质量，研发至上，坚守商业道德准则，无惧于变化。

（二）价值观的表述

案例6-1中的价值观表述是对美国A.O.Smith公司价值观的翻译，虽然其本身亦算是一种精炼的表达，但是，在A.O.史密斯公司推行一段时间之后，不少员工反映这种表达不太利于记忆。后来，经过多次高层会议、头脑风暴，高管团队逐渐达成共识："争创利润，力求发展"强调的是企业的生存和发展，是对股东负责；"重视科研，不断创新"既强调对股东负责，也强调对客户负责。因为只有坚持科研,才能延续 A.O.史密斯公司的核心竞争力;只有不断创新,才能在变化的市场环境中不断适应,持续前行,而只有重视科研和不断创新才能满足顾客多样化的需求;"遵纪守法,保持声誉"既强调对股东、客户的重视,也强调对员工的重视,企业只有声誉好,才能赢得顾客,才能产生利润,同样,员工在遵纪守法的公司里工作,也不用担心遭遇不公正的对待;"一视同仁,工作愉快"强调的是对员工负责,员工希望在工作中受到公平公正的对待,也希望能够快乐地工作;"保护环境,造福社区"强调的是企业作为社会公民,应该对环境和社区负责任。美国 A.O.Smith 公司的这 40 个字的价值观,反映的其实就是对股东、客户、员工和社会负责任,也就是说,要达到股东、客户、员工和社会"四个满意"。于是,A.O.史密斯公司进一步将价值观凝练为更为简单的"四个满意":客户满意、员工满意、股东满意和社会满意。这种表述方式极为简练,而且易于传播,能以最快的速度让内部员工、外部伙伴了解并熟悉。

实现"四个满意",企业盈利是根本。为了实现盈利,公司除了创新以外,还提出了"杜绝一切浪费"的口号。在公司定期的跨级别沟通会中,有员工提出:由于公司上下有几百人用餐,餐厅出入口是同一个大门,常常使前往和返回的员工发生拥堵现象,造成时间上的浪费。而且,由于供应的饮食每天都有两类套餐,所以员工会在进入餐厅后前往食物供应点徘徊考虑选择哪类食物,这又增加了人员排队等候的时间,这也是种时间上的浪费。于是,针对这一问题,公司专门进行研究规划,将出入口分开,并且在入口处设置玻璃柜展示 A、B 两类套餐供员工选择,员工做出选择之后可分流拿取食物,这样一来,整个用餐过程变得井然有序又节省了不少时间。随着电子显示屏的逐渐普及,有员工提出:每天都要放两种套餐进行展示,展示后的套餐会倒掉,这也是一种浪费。于是,公司又在展示套餐上花了功夫,在餐厅入口处装上了液晶屏幕,进行电子化展示,这样就节约了食物,避免了不必要的浪费。从这件事可以看出,通过出入口分流,体现了提升流程效率的精神;通过提前展示套餐,为员工提前选择提供了便利,减少了人流交织,使员工能够愉悦进餐;通过采纳员工合理化建议,让员工觉得"我说话有用",增加了员工满意。事情虽然看似比较小,但足以看出A.O.史密斯公司杜绝一切浪费的原则,在此过程中也实现了"四个满意"。

(三)五项基本原则

在A.O.史密斯公司,为了营造良好的沟通氛围,使得人与人之间的工作交流更加职业化和高效率,所有进入公司的员工都会参加题为"用五项基本原则营造合作氛围"的培训课程。通过这个培训,员工了解了在A.O.史密斯公司所提倡的日常工作中与周围人交流的"五项基本原则":对事不对人,维护他人的自信和自尊,保持建设性关系,主动改善情况,以身作则。这五句话用精练的语言描述了公司内外沟通的基本要求,通过多年的持续推行,这已经成为员工日常交流和处理事务非常重要的行为准则,并获得了A.O.史密斯人广泛的认同。

(四)用心管理原则

用心管理原则于2004年自美国A.O.Smith公司引入,主要倡导积极建立"良好的工作场所",融洽员工之间的关系,提高员工满意度。在A.O.史密斯公司看来,成功经理人要实现有效管理需要包括三个重要因素,即能力、信心和关爱,其中又以关爱最为重要。许多管理者难以真正做到关爱下属。因为关爱不仅仅是那些软性的关心,更是正面或负面的反馈,比如要求改变糟糕的表现、允许员工从错误中吸取教训、让他们承担有挑战性的工作等。A.O.史密斯公司认为,员工往往对于周围的同事有五种关爱需求:倾听并理解我;即使你不同意我,也请不要否定我这个人;承认我的伟大之处;记得寻找我良好的意图;用怜恤的心告诉我事实的真相。A.O.史密斯公司将这些总结出来,并称之为用心(HEART)管理。

二、吸引眼球的视觉环境

在文化宣传工作中,视觉效果无疑对于宣传内容的传播非常重要。A.O.史密斯公司无论是在活动推行所用的宣传布景上,还是在日常荣誉奖项的张贴上,都努力通过积极、正面、阳光、吸引眼球的横幅、海报、展架等布置,持续传递"四个满意"的价值观(见图6-1)。

图6-1　A.O.史密斯公司价值观推动活动展面

（一）视觉氛围

当你走进A.O.史密斯公司的办公大楼时，你会看到大厅里、办公区甚至车间里到处都张贴着各种有关"价值观推动"活动的宣传画和横幅等，让人置身于其中。"公司强调价值要素，如果要举办一项与企业文化相关的活动，我们都会把活动的内容印出来、贴出来。"丁威这样告诉我们，"就像在商场里搞促销要张贴广告、挂条幅一样，要在公司里营造一种氛围。"每次走进A.O.史密斯公司，都会有新的发现，或是价值观推广活动，或是ASTAR活动的宣传标语，等等。除了这种海报式的张贴宣传外，公司还定制了专门的价值观宣传手册，发给每一位员工。方便员工在闲暇时，拿出来翻翻看看，在无形之中，不断加深着员工对公司企业文化和价值观的认识。

（二）荣誉墙

在工作区通往餐厅的长廊通道中，公司专门建造了两面荣誉墙。员工每天前往餐厅用餐时，都会经过这里。这两面墙上挂满了各种获得价值观当选大奖的员工的姓名和他们的获奖事迹，以及对公司发展历程及重大事件的宣传介绍。荣誉墙不仅让员工看到企业发展和员工成长的历程，也为其他员工树立了学习的榜样，产生着持续的正面激励作用，使得员工更加乐意按照"四个满意"的价值观行事。这种精神层面的激励，为员工提供了自觉践行企业价值观的动力。

三、广泛传播的《A.O.史密斯通讯》

《A.O.史密斯通讯》创办于1999年年底，创刊宗旨是让所有员工对公司有更全面、更深入的了解。《A.O.史密斯通讯》作为非常有效的信息传递平台，其受众不仅仅局限于内部员工，而且也包括经销商、供应商、渠道商等各类合作伙伴以及员工家属。《A.O.史密斯通讯》是双月刊，围绕着"四个满意”的价值观，记录着近期公司各类工作的进展，以及在文化与价值观践行方面的突出事例（见图 6-2）。

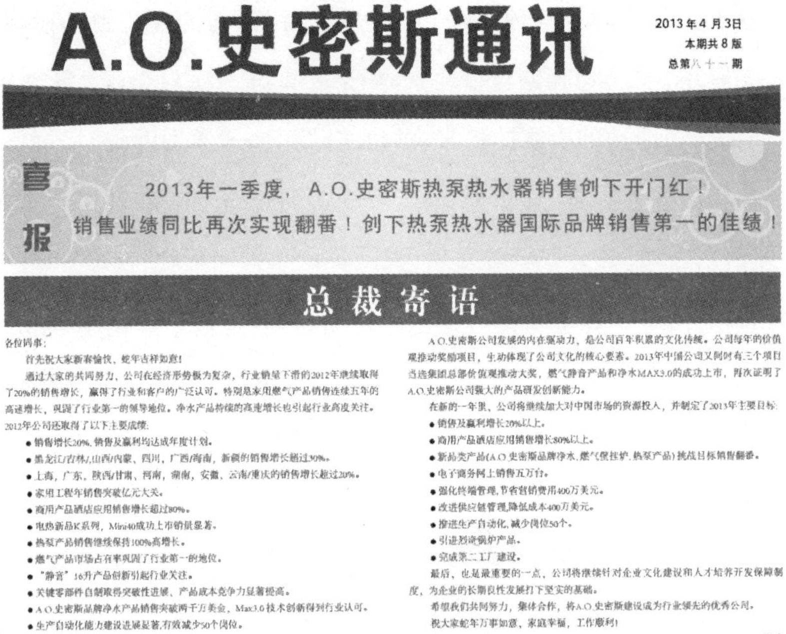

A.O.史密斯通讯

2013年4月3日
本期共8版
总第八十一期

喜报

2013年一季度，A.O.史密斯热泵热水器销售创下开门红！

销售业绩同比再次实现翻番！创下热泵热水器国际品牌销售第一的佳绩！

总裁寄语

各位同事：

首先祝大家新春愉快，蛇年吉祥如意！

通过大家的共同努力，公司在经济形势极为复杂，行业销量下滑的2012年继续取得了20%的销售增长，赢得了行业和客户的广泛认可。特别是家用燃气产品销售连续五年的高速增长，巩固了行业第一的领导地位。净水产品持续的高速增长也引起行业高度关注。2012年公司还取得了以下主要成绩：

- 销售增长20%，销售及赢利均达成年度计划。
- 黑龙江/吉林/山西/内蒙、四川，广西/海南，新疆的销售增长超过30%。
- 上海，广东，陕西/甘肃，河南，湖南，安徽，云南/重庆的销售增长超过20%。
- 家用工程年销售突破亿元大关。
- 商用产品酒店应用销售增长超过80%。
- 电热新品K系列，Mini40成功上市销量显著。
- 热泵产品销售继续保持100%高增长。
- 燃气产品市场占有率巩固了行业第一的地位。
- “静音”16升产品创新引起行业关注。
- 关键零部件自制取得突破性进展，产品成本竞争力显著提高。
- A.O.史密斯品牌净水产品销售突破两千万美金，Max3.0技术创新得到行业认可。
- 生产自动化能力建设进展显著，有效减少50个岗位。
- 第二工厂建设项目进展顺利，目标提高生产效率35%。

A.O.史密斯公司发展的内在驱动力，是公司百年积累的文化传统。公司每年的价值观推动奖励项目，生动体现了公司文化的核心要素。2013年中国公司又同时有三个项目当选集团总部价值观推动大奖，燃气静音产品和净水MAX3.0的成功上市，再次证明了A.O.史密斯公司强大的产品研发创新能力。

在新的一年里，公司将继续加大对中国市场的资源投入，并制定了2013年主要目标：

- 销售及赢利增长20%以上。
- 商用产品酒店应用销售增长80%以上。
- 新品类产品(A.O.史密斯品牌净水，燃气壁挂炉，热泵产品)挑战目标销售翻番。
- 电子商务网上销售五万台。
- 强化终端管理，节省营销费用400万美元。
- 改进供应链管理，降低成本400万美元。
- 推进生产自动化，减少岗位50个。
- 引进燃油锅炉产品。
- 完成第二工厂建设。

最后，也是最重要的一点，公司将继续针对企业文化建设和人才培养开发保障制度，为企业的长期良性发展打下坚实的基础。

希望我们共同努力，集体合作，将A.O.史密斯建设成为行业领先的优秀公司。

祝大家蛇年万事如意，家庭幸福，工作顺利！

丁威

建设世界一流工厂，实现四个满意——新工厂进展速递

硬化地面

整体规划的管路

如今新工厂的建设已经到了如火如荼的冲刺阶段，目前厂房主体部分已经完工。能源设施已经畅通，随时恭候着设备的到来。

厂房地面采用耐磨地坪，是高洁净、免维护的地面，通过厂房天窗照射，在阳光下闪闪发亮。高度综合的工艺管路布局整齐划一，无一不体现项目组的精心设计。

首先将要展示在新工厂的是燃气产品的生产设备。随着公司燃气产品销量的高速增长，为保证产品的高质量，新工厂将有众多的项目实施。值得特别一提的是喷涂线，该区域是新工厂引入的第一台机器人。新组装线的自动翻板机构、工装板角度自动调节装置，结构设计巧妙，充分考虑人体工学，即降低了劳动强度，又提高了装配的便利性。有新工厂高效、高质量保证的生产线作为后盾，燃气产品必定在销售上再创新高。

电产品作为公司的核心产品，在新工厂的生产线更是秉承十八般，处处是亮点，处处体现高质量和高效率。和现有工厂比，整体效率大幅提升。

冲压新工艺的应用，多台设备连线生产，基本实现无人化。收尘设备排放标准远高于PM2.5，建绿色环保工厂，这也是新工厂的目标之一。

“方法总比困难多”-内胆生产线引入多个机器人工作站，我们以汽车焊装线为指导，在现有工厂最先进的内胆生产线上再次挑战自我，机器人焊接技术将对内胆的质量稳定性、生产效率有大幅提高，这门火花的艺术也将展现的淋漓尽致，项目团队前期大量的焊接工艺验证、多个技术难点的攻关、布局上精心的布置，辛勤的汗水必然带来硕果累累。

搪瓷线我们自豪地实现了废料、废水零排放。

熔炉，生产金属内胆最核心的设备，此次内部结构及烧结方式更为优化，和现有工厂相比，整体节能三分之一以上。

新的高效内胆验漏方式，基本实现无人化，同时也在申报多项技术专利。

外壳车间采取新的外壳生产工艺，对外壳喷涂质量有极大提高，同时也从根本上解决目前存在的众多问题。

组装车间，将是“单件流”的集大成体现。以丰田精益“拉式”方式指导生产。组装为龙头，所需内胆、外壳通过空中输送线依次送至组装线，外购物料采用AGV无人小车送料，EPS泡沫纸箱从天而降，现场整洁且无库存。

世界一流工厂在硬件上和软件上都应该是一流的。整个工厂的生产采用MES系统作为大脑，对生产过程中各个环节进行质量控制。在来料库房，我们采用WMS-库房管理系统。效率大幅提升，节省库区面积。

新工厂的每一点一滴都凝结着整个团队的精心考虑和汗水。我们始终以汽车工业中采用的最先进技术作为我们学习和改进的方向，结合公司产品的特点，将各种新技术应用到热水器的生产线中，很好的诠释了Innovation has a name的深意。也体现着我们对质量、技术创新的执着追求。

四个满意-股东满意，客户满意，员工满意，社会满意。新工厂实施最终的落脚点也归结在这四个满意上。未来的6个月，我们还有很多关要过。牢记“四个满意”，用我们的实际行动来体现公司的价值观。

世界一流工厂，梦想即将变成现实。敬请期待……

新工厂项目组

进口冲床

燃气喷涂线

第一台机器人

图 6-2 《A. O. 史密斯通讯》

（一）《A.O.史密斯通讯》的内容结构

《A.O.史密斯通讯》共分为8个版面。通过第1个版面分享两个月以来最为突出的公司事件以及最富有特色的价值观实践项目，比如年度销售业绩、新工厂建造、"价值观推动"活动结果、公司获得的荣誉，等等。第2版到第4版将关注焦点集中在公司业务上，分别围绕销售与市场、生产与服务、产品与研发等，总结公司关键业务的进展；随后的第5版到第8版，从企业文化、员工风采、驻外的声音、A.O.史密斯之家等方面，分享管理年会、营销年会、奖学金、对外沟通、员工活动等各种汇聚正能量的价值观实践。并且为了处处宣传价值观，在每一个版面的下方，都标注了公司的价值观和五项基本原则。

（二）《A.O.史密斯通讯》在公司之外的传递

除了内部员工，A.O.史密斯公司还会将《A.O.史密斯通讯》发放到经销商、供应商、渠道商，以及员工的家中。这一份看似简单的读物，将A.O.史密斯公司的合作伙伴、员工家属也融入到其价值观推动过程之中，可以使他们更加了解公司，更加理解公司的工作，从而给予更多的支持和帮助。

A.O.史密斯公司员工的一位子女在给公司人力资源部的来信中写道："爸爸公司的内部报刊都会定期寄来家里，最初由于好奇心的驱使，想知道爸爸到底是在怎样的公司任职，我开始了一个孩子的'仔细研究'之旅。时至今日，我还可以十分清晰地说出那些期刊的版面构成，从头版的重大公司新闻……"

通过从细节入手，A.O.史密斯公司成功地将价值观注入到了员工、员工家属以及合作伙伴之中，不仅让内部员工时时刻刻感受到这种价值观，同时也让这种价值观得到员工家人与合作伙伴的理解和支持。

四、每日价值观之星

2013年,丁威参加了一个跨级别座谈会,研讨如何提高生产一线员工的积极性,如何让员工开心地工作。在座谈的过程中,丁威发现一线员工非常希望得到及时的认可和正面的鼓励;而且,他们也希望能深入地参与管理。基于这样的背景,每日价值观之星的活动应运而生。

案例 6-2

每日价值观之星

一位员工上晚班前在整理现场时发现多出8根EMG-75阻尼板,这理应是在白班的工作中产生的,因此怀疑可能是生产时漏装的。于是主动对入库机器进行检查,最终确定是白班漏装,从而避免了不合格品流入市场。

另一位员工在生产吸塑100L机器时,将机器送入流水线后,发现这台机器背面有气泡,当即做了标记,在后面的生产中,通过细致的观察,又发现三台机器的背面有气泡,随后向班组长汇报,避免了问题产品进入下一道工序,而这完全是该岗位职责范围之外的检查。

还有一位员工在2013年10月6日的工作中,除了完成自己的本职工作外,还主动协助小组其他人员维修了一台GB-2500机器。

……

这些事情本身都不算重大,但其意义不仅在于改进生产流程本身,更重要的是可以体现出每一位员工的价值,提高员工的工作积极性,进而自发推进设备维护、隐患预防、质量保障等一系列工作,让员工主动做公司的主人。

在每日价值观活动开展初期,班组长们会担心:奖励这个不奖励那个,没有获得奖励的员工就会挑战获得奖励者；员工也会担心，因为改进往往会牵连出其他岗位员工的失误，怕得罪人。

基于这些担忧，A.O.史密斯公司做了大量的工作，比如，通过车间大屏展示，帮助一线员工学会怎样做每日价值观提案；对班组长进行一对多的访谈，考察其参与度；通过集体会议（周会、培训、现场公示、反馈）等高频率宣传，避免评价标准不统一；要求班组长带头执行"每天一改善"，引导员工从小事着眼，将改进改善融入到日常工作中去；经理每周带领大家回顾一周以来各项改进的进度，取得成效的得以展示，遇到困难的可以群策群力；每月利用车间CI辅导员组织的月度预评估会议的机会开展一场"CI答辩会"，鼓励一线员工对已完成的改进提出质疑，班组长及车间主管加以引导，总结经验，寻找新的改进点，不断完善。总之，努力营造"改善无处不在"的氛围，使得这项活动从2013年10月的200多份提案，提升到2014年3月的1 000多份提案。

在具体的操作中，一线班组长可以针对员工当天任何符合"四个满意"标准、超出期望的优秀行为，填写每日价值观提案卡，统一交至本部门经理审核（部门经理或主管在发现优秀行为时也可以填写提案卡）。这些提案行为主要包括这些情形：

- 发现一线非岗位质量职责范围内的质量问题、隐患，并积极推动处理。
- 发现非岗位职责范围内批量质量事故或重大质量问题，并及时上报处理。
- 发现重大安全隐患点并及时主动地提出整改方案，协调相关人员实施改进。
- 个人5S工作表现突出，并且对周围员工产生积极影响并提升了团队

5S 水平。

- 设备 TPM 活动中表现突出,体现出"主人翁"的精神。

部门经理负责提案表审核,按不超过 10% 的比例评选出每日价值观当选奖,在当选感谢卡背面写上评语并签字,并于当天录入系统进行备案。

在第二天晨会时,部门经理会发放本部门人员前一天每日价值观当选感谢卡,并在部门内表彰 3 个工作日,同时在车间电子大屏上滚动播放获奖人照片、获奖事迹等。每月 10 号之前,评选全公司获奖人次前十强(且每人获奖次数达到 4 次及以上)为月度"每日价值观之星",在部门内表彰 1 个月。感谢卡每张价值 10 元人民币,每五张感谢卡可换领一张礼品券,如果获得月度表彰,当月获得的奖励每张翻倍。

通过这些严密的公开的评审环节评选"每日价值观之星",选出了生产一线员工中的价值观最佳实践者,用他们践行"四个满意"价值观的先进事迹,激励更多的人学习和认同企业的价值观(见图 6-3)。人力资源部会对管理人员和员工进行双向考察,若管理人员很久都没有发放感谢卡,则他们可能领导有误或者在发现践行公司价值观的行为方面有所欠缺;员工若没有得到过感谢卡,在 TRIP 评估时,T(Teamwork,团队合作)、R(Result-driven,结果导向)、I(Innovation,创新能力)、P(Professionalism/Passion,专业/激情)方面的评价就会受到影响,从而影响未来的岗位竞聘与升职。

每日价值观管理给生产一线员工带来的物质奖励是很微薄的,但是员工参与的热情却非常高。在每日价值观管理制度实行的第一个月,2013 年 9 月,共评选出 140 份提案,到 2013 年 12 月就增长到 460 份。A.O. 史密斯公司的每日价值观管理有效地调动了生产一线员工参与企业价值观管理的积极性,促使员工实现了对价值观的认同。

A.O. 史密斯公司通过全面贯彻"行为反映价值观",致力于企业文化氛

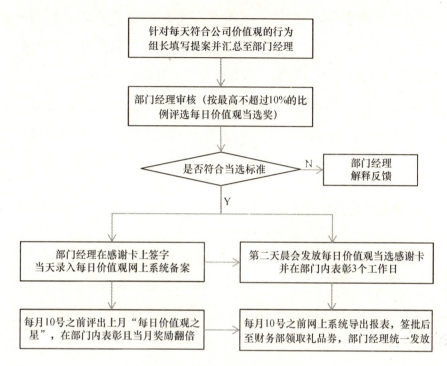

图 6-3　每日价值观工作流程

围的营造,致力于"四个满意"价值观的推行。采用深入人心的价值观标语,处处营造吸引眼球的视觉环境,及时发布广泛传播的《A.O.史密斯通讯》,以及树立每日价值观之星,营造出全面、深入、丰富的文化氛围,将价值观体现在日常工作过程中所表现出来的做事方式和行为上,为员工认同企业价值观创造充分的条件。

第二节　推动文化落地

文化的落地不仅仅需要在日常管理实践中营造氛围,还需要通过活动或项目,持续、深入地创造刺激点,不断地对符合价值观要求的行为产生正向激励,促使公司倡导的文化浸润人心。

在各类文化形式之外，A.O.史密斯公司还采用了"价值观推动"活动以及 CI 项目。以公司的名义举行盛大的活动，吸引全员积极参与其中，并将这样具有极强的号召力和凝聚力的管理实践反复推行，不断强化，使得"四个满意"滴水穿石般地渗透到员工思维中，体现在员工的行动上，让员工在行动中感悟价值观，在行动中展示价值观，用价值观指导行动，真正做到价值观不断深入人心，使得 A.O.史密斯公司的发展潜力不断增强。

一、浓墨重彩的价值观推动

"价值观推动"活动是美国 A.O.Smith 公司自 1995 年起开始发起的，A.O.史密斯公司特别重视，现已成为公司最具影响力和最受欢迎的活动之一。这项活动通过设立七个奖项：客户满意奖、产品创新奖、环保贡献奖、公益活动参与奖、管理流程改进奖、生产流程改进奖、工作场所安全奖，旨在挖掘过去一年中把公司价值观融入到工作或生活中去的个人和团队。通过这样的活动，对做出特别贡献的员工或者团队进行表彰，同时通过各种形式的宣传活动，激励其他员工采取更加积极主动的行动，令价值观真正深入人心。

案例 6-3

商用酒店应用培训项目——商用事业部价值观推动纪实

为了实现 2012 年商用事业部在酒店行业销售的快速增长，帮助销售及推广人员以及代理商全方位地了解酒店行业的热水应用情况、酒店热水应用的推广方式以及不同类型酒店热水及采暖的解决方案，商用事业部从 2012 年 3 月开始，启动了商用酒店应用培训项目。

在培训开始之前，商用事业部精心制订了酒店类项目的培训计划并准备了合适的培训教材。培训内容包括三个模块:经济型、商务酒店的行业发展现状及热水应用解决方案介绍;酒店类项目设计流程及商用产品在设计院的推荐技巧;公司产品在酒店热水应用中的设计方案及优势分析。

同时,邀请中国酒店行业资深专家,为商用销售及推广人员进行关于酒店行业发展、酒店的营建、在酒店建造过程中与投资方、管理方、设计方的沟通技巧的培训。

整个培训为期3个月,主要包括:

- 酒店项目设计环节培训5次,培训内容包括设计师设计酒店类项目的流程,商用产品在设计院的推荐技巧。
- 经济型酒店行业介绍,经济型酒店行业热水方案的培训5次。
- 高星级酒店行业介绍,高星级酒店热水解决方案的培训5次。
- 高星级酒店热水设计方案及控制原理的培训4次。

通过此轮培训,商用销售及推广人员全面了解了中国酒店热水设备的典型应用情况,对酒店营建流程的认知更加清晰,对酒店项目的热水和采暖解决方案有了更深刻的掌握,有效提高了酒店类项目的成功率及销售额的增长。截至2012年6月底,酒店类项目销售额达到3 338万元,同比增长64%。

该项目获得"2012年价值观推动活动(第一季)"南京当选奖推荐,并在《A.O.史密斯通讯》上刊出。

时至今日,"价值观推动"活动已经成为具有A.O.史密斯公司特色的活动之一,也成为公司的传统和传播价值观的重要途径,让员工了解并理解公司的价值观及其在公司日常工作中的作用。在每年的A.O.史密斯公司"价值观推动"活动中,员工不仅积极参与,更重要的是会主动地了解公司的文

化,在日常工作中自觉维护和落实。"行为体现四个满意"不仅成为公司人人会唱的"歌谣",同时也成为员工的日常工作职责之一。

(一) 奖项内容

A.O.史密斯公司从2002年起连续12年参加美国A.O.Smith公司发起的"价值观推动"评奖活动,并且根据本土实际情况对该项目进行了本土化优化。在原本只有"美国A.O.Smith公司当选奖"的基础上,A.O.史密斯公司增设了"A.O.史密斯公司当选奖"和"价值观推动入围奖",使更多员工有机会获得奖励,增强了其影响力和员工的认同度。

"价值观推动"活动设置的七个奖项及其内容如下:

客户满意奖。在产品质量、客户服务、技能培训等相关工作中做出突出成绩,并超出客户期望值的个人或团队。

产品创新奖。在参与新产品研发和市场推广中做出杰出贡献的员工或团队,同时也为适应市场需求而对现有产品进行改进的个人或团队。被提名的新产品或改进产品必须是在本年内开发或改进成功并推向市场的。

环保贡献奖。在预防环境污染或减少废弃物排放方面做出杰出贡献的员工。被提名的环保行为强调的是自觉自愿而非政府行为。

公益活动参与奖。在造福社区、参与公益活动方面投入时间和精力的个人或团队。但为公司赞助的社会服务机构工作的员工不在提名范围之内。

管理流程改进奖。在财会制度、信息技术、物流后勤等管理流程改进方面做出贡献的员工及团队。

生产流程改进奖。在生产制造、运输配销等流程方面做出改进的个人或团队,包括改进质量、提高效率、减少浪费、解决瓶颈问题或引进新的工艺。

工作场所安全奖。在创建安全工厂方面做出贡献的个人或团队。诸如为设备安装新防护装置以减少事故的发生，为消除工作区潜在危险而提出的改进措施等。被提名的安全行为强调自觉自愿。

事实证明，价值观推广不仅激发员工去思考什么样的行为才是价值观所倡导的，同时也在告诉员工，公司肯定和提倡的符合价值观的行为是什么，让员工自己成为价值观提名候选人中的一名，激励员工为此做出符合公司价值观的行为。

（二）评奖宣传

每年价值观活动开始时，公司就像过节一样"张灯结彩"，全公司上下都挂满了宣传海报，公司每一位员工都能通过各种途径获得价值观推动活动的申请表。很多刚进入公司的员工看到老员工如此热情地参与其中，自己也满怀好奇和激情加入到活动的行列中来。

公司专门为参与价值观推动活动提名的员工准备了小礼品，只要员工进行了有效提名，他们就将赠送小礼品表示感谢。有员工称："小礼品虽然不值什么钱，但由于是公司特意聘请礼品公司专门设计的，既精美又实用，而且作为对自己参与价值观活动提名的奖励，特别有纪念意义。"同时，也有员工说："如果身边的同事都拿到了小礼品，而自己没有拿到，也会感觉不舒服，也会想要去参与提名活动。"也正是因为这些原因，参与价值观推动活动的员工逐年增多（见图6-4）。

价值观推动活动开始后，相关部门的负责人还会以短信和邮件的形式提醒大家积极参与，鼓励大家发掘身边将 A.O. 史密斯价值观真正融入到平时的工作、生活中的员工和团队。例如，2014年第一季的一条推送短信写道："动动拇指，提名礼品创意水杯即可带回家！美国 A.O.Smith 公司价值观当选奖、南京总部价值观当选奖和入围奖更有精彩旅程和丰厚礼品奖励，

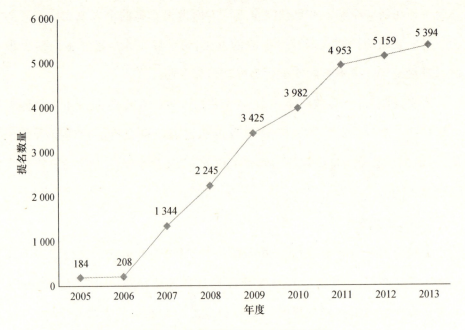

图 6-4　价值观活动提名数量统计图

心动不如行动,马上开始提名吧!"

(三) 评奖流程

现在,A.O.史密斯公司的价值观推动活动已经发展为一年两次,包括季度价值观推动活动和年度价值观推动活动。两次价值观推动活动都包括提名和评选两个主要部分。

季度价值观推动活动的提名阶段在每年的 5 月份,年度活动的提名阶段为每年的 10 月份。两个阶段价值观推动活动的提名部分的操作流程是一样的,具体是:① 总裁办负责启动整个活动的宣传,将活动标志、宣传折页、走廊画板等宣传材料放置到公司各处,同时也将电子邮件、信件及时发送给各部门及驻外体系。② 员工使用提名表格进行正式提名(见图 6-5)。提名的具体内容包括:被提名者(团队)的姓名、提名奖项类别、被提名项目和提名理由。提名表格经提名者所在部门的上级主管签字确认后,统一交至总裁办。③ 各部门统一领取提名奖品后发放给提名的员工。

```
2013年价值观推动活动——第一季  Nomination 提名表格

被提名者姓名（如提名团队，请列出每一个成员的姓名）：_____

奖项类别（请在提名的奖项前打勾）
□ 客户满意奖      □ 产品创新奖      □ 环保贡献奖      □ 公益活动参与奖
□ 管理流程改进奖  □ 生产流程改进奖  □ 工作场所安全奖

被提名项目
开始日期：_____        结束日期：_____
项目简述：_____
_____

提名人姓名：_____      部门：_____
上级主管签字确认：_____

※ 生产体系提名表格，请提交给内勤登记，由内勤统一交至总裁办前台处，待活动宣传期结束后由生产体系审核，确认与有效提名的将由内勤领取奖品后发放给您。
※ 如果您是行管核人员，请将您的提名交给您的上级主管审核签字后，交至总裁办前台处，并领取提名奖品。

提名表格注意事项
1. 严禁从CI系统中照抄提名；2. 不能抄袭其他同事的提名；3. 提名不得由他人执笔代写，如果未按照提名规则进行提名，则视为无效提名
```

图 6-5　价值观活动提名表格

伴随着价值观推动活动的逐渐深入，为了方便更多的人参与，公司开发了多种渠道以供提出提案。最常见的是书面提名，发到每位员工手中的价值观推动活动宣传折页中一般都含有提名表格，员工按照规则完整填写好后便可直接上交。此外，员工还可以进行电子邮件提名、手机终端提名。

季度价值观推动活动的评选阶段是在每年的6月份。具体操作流程是：① 总裁办将提交的提名表格按照被提名者所属的体系进行分类，并交由各自的体系进行筛选。② 各体系对本体系获提名的项目进行筛选后，每个部门推荐4个左右可能当选的项目，并在规定日期前提交提名。③ 由公司管理层人员组成评委会，评委会成员在各体系提交的提名项目中推荐和介绍自己认为最有竞争力的提名项。第一轮评选，评委会成员每人提名20个项目，获得10个及以上提名的项目进入第二轮评选。在第二轮评选中，评

委会每位成员投10票,得到10票及以上的项目获得南京总部季度价值观当选奖,其余项目获得南京总部季度价值观入围奖。

年度价值观推动活动的评选流程与季度价值观推动活动类似。在评选阶段,由公司管理层人员组成评委会,评委会成员在各体系提交的提名项目中推荐和介绍自己认为最有竞争力的提名项。第一轮评选,评委会成员每人提名30个项目,获得10个及以上提名的项目进入第二轮评选。第二轮评选中,评委会每位成员投15票,得到10票及以上的项目获得南京总部年度价值观当选奖,其余项目获得南京总部年度价值观入围奖。获得年度价值观当选奖的项目将在第一时间内向全公司公布,其中的优秀项目将被推荐参加美国A.O.Smith公司价值观推动活动的评选。

在评选过程中,为了确保评选过程的公平公正,无论是季度价值观推动活动,还是年度价值观推动活动,所有评选都是当场唱票、当场公布结果,并由审计部门派人监督现场评选过程。评比结束后,人力资源部和总裁办相关负责人会在第一时间阐释由疑义者提出的质疑,确保评选过程的公平公正。

(四) 当选奖励

价值观推动活动鼓励全员参与,所有员工都可零门槛申报这些奖项,凡申请有效即可获赠小礼品。广泛的员工参与和规范的活动流程帮助员工更加深入地了解公司的价值观,理解价值观对公司的意义和作用。而为了鼓励员工践行价值观,A.O.史密斯公司安排了丰富的奖励给那些获得价值观当选奖和提名奖的员工个人(或团队)。

获得A.O.史密斯公司季度价值观当选奖的员工将获得每人10 000 CI积分(每个奖项不超过3个项目);获得A.O.史密斯公司季度价值观入围奖的员工将获得每人2 000 CI积分(每个奖项不超过5个项目)。

获得A.O.史密斯公司年度价值观当选奖的员工将获得价值5000元的异域风情亚洲游(每个奖项5个以内);获得A.O.史密斯公司价值观入围奖的员工将获得价值1500元的精美礼品(每个奖项7个以内)。

如果获得美国A.O.Smith公司价值观当选奖,员工将获得缤纷多彩美国游(以美国A.O.Smith公司评选为准)。全球40个工厂一起争取这几个大奖,获奖非常不容易。

2004年,A.O.史密斯公司的当选奖项目"直销员封闭训练,确保持续竞争力"获得了当年的美国A.O.Smith公司当选奖。此后,A.O.史密斯公司在2005年、2009年、2011年和2012年分别有若干个项目获得当年的美国A.O.Smith公司当选奖(见图6-6)。

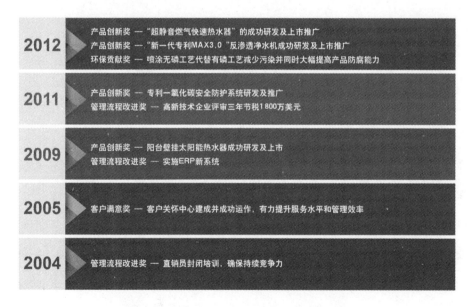

图6-6 获美国A.O.Smith公司当选奖项目

(五)活动效果

A.O.史密斯公司一直坚信价值观推动活动在公司发展中起着重要的作用,因此在价值观推动方面给予大力支持,甚至不设预算上限。持续不断的价值观推动活动,能够帮助员工了解公司的价值观,提升员工的服务质量;强化团队的协作意识;树立企业造福社会、回报社会的良好形象等。在这个过程中,同时达到"四个满意"。经过多年的坚持,公司的价值观推动活动已成为公司文化和生活的一部分,也成为公司最具影响力和最受欢迎的活动之一。

价值观推动活动是公司的盛会,每次这样的盛会之后都能深化员工对于价值观的理解。这样的活动只是每年定期举行,那么在日常活动中还有什么方式,可以使员工对价值观的理解保持新鲜呢?

二、CI 助力价值观落地

案例6-4

CI 经典案例

在 A.O.史密斯公司的生产线中,有一道非常重要的工序——为每台热水器内胆特别喷涂上一种 20 世纪 30 年代诞生的"金圭"秘方涂层。这个工序主要是为了使产品有效抗锈、防腐、防垢,且能承受巨大冲力而不破损。在进入中国市场相当长一段时间内,A.O.史密斯公司都沿用惯常的"手工喷涂"法,即以"三班倒"的方式安排员工按照"开转盘、取喷枪、手工喷涂、挂喷枪、吹边"的固定工序,以 40 秒/个的速度为热水器内胆底盖镀上一层"金圭"。一直在该岗位上工作的喷涂工郭玉林说:"辛苦还不算什么,只是不同人喷涂的厚度不同,令产品品质的一致性难以得到保证。而且,每当调换不同品种的底盖时,所耗费的时间都相当长。"

如今,在 A.O.史密斯公司已经看不到这道工序"三班倒"的情景了,生产流程已经得到了彻底的转变,由人工喷涂改为机械化自动喷涂。郭玉林只要按下开关,装有底盘的托盘就会自动旋转,斜上方的喷枪就开始匀速自动喷涂。而且,更换不同品种的内胆时,只需要预设好参数和喷枪角度就可以了。如此一来,单位喷涂时间缩短为15秒/个,并省掉了一个人工。

这样的生产改进,看起来很是高端,但出人意料的是,这个技术改造方案就是由一直在该工位上工作的喷涂工郭玉林琢磨出来的。他通过A.O.史密斯公司的CI平台为公司的生产经营做出了巨大的贡献。

(一) CI活动

CI活动就是日常工作中帮助员工加深对于价值观的理解的重要工具。CI活动鼓励员工积极发现在生产、销售、服务、管理等各个生产运营环节中的可改进之处,通过填写提案的方式提出自己的改进建议,并由专门部门进行跟踪,在提案通过评估后成立相关的攻关改进小组,制订详细的行动方案。改进项目结束后,会有专门的评估委员会进行评分,提出建议和实施项目的员工均能够根据改进成果获得积分奖励,并且CI积分可以兑换礼品。

A.O.史密斯公司制定了非常细致的量化指标来评估CI提案(见表6-1),依据不同的财务指标和关键绩效指标,CI积分分为A、B、C三个级别。就财务指标而言,年效益10万元以上的为A级(奖励CI积分5 000分以上),年效益2万—10万元(含)的为B级(奖励CI积分1 000—5 000分),年效益2万元(含)以下的为C级(奖励CI积分0—1 000分)。此外,还有诸多关键绩效指标,包括质量指标、效率指标、销售占有率提升、终端改进、费率降低、高端产品占比、直销员工保留、安装非常满意度提升、维修一次完成率,等等。

表 6-1　CI 评分表

名称	级数	评分标准表		
		A 级	B 级	C 级
	财务基本指标			
	财务指标	年效益 10 万元以上 A 级(5 000 分以上)	年效益 2 万—10 万元（含） B 级(1 000—5 000 分)	年效益 2 万元(含)以下 C 级(0—1 000 分)
	KPI（关键绩效）指标			
结果贡献度	质量指标	和改进前相比,质量水平提高或缺陷率降低超过 50% A 级(5 000 分以上)	和改进前相比,质量水平提高或缺陷率降低将近 50% B 级(1 000—5 000 分)	和改进前相比,质量水平提高或缺陷率降低不明显 C 级(0—1 000 分)
	效率指标	和改进前相比,工作效率提高超过 50% A 级(5 000 分以上)	和改进前相比,工作效率提高将近 50% B 级(200—1 000 分)	和改进前相比,工作效率提高不明显 C 级(0—1 000 分)
	销售占有率提升	卖点渠道销售占有率（季度同比）提升 10%以上 A 级(5 000 分以上)	卖点渠道销售占有率（季度同比）提升 5%—10%（含） B 级(1 000—5 000 分)	卖点渠道销售占有率（季度同比）提升 0—5%（含） C 级(0—1 000 分)
	终端改进	A/B 类卖点由原来的墙面改为 U 形展厅 A 级(5 000 分以上)	A/B 类卖点墙面延米数增加了 1.5 米以上 B 级(1 000—5 000 分)	A/B 类卖点墙面延米数增加了 0—1.5 米 C 级(0—1 000 分)
	费率降低	费率（季度同比节省度）降低 0.5 个百分点以上 A 级(5 000 分以上)	费率（季度同比节省度）降低 0.2—0.5 个百分点 B 级(1 000—5 000 分)	费率（季度同比节省度）降低 0—0.2 个百分点 C 级(0—1 000 分)
	高端产品占比	高端产品占比（季度同比）在原有基础上提升 10%以上 A 级(5 000 分以上)	高端产品占比（季度同比）在原有基础上提升 5%—10% B 级(1 000—5 000 分)	高端产品占比（季度同比）在原有基础上提升 0—5% C 级(0—1 000 分)
	直销员工保留	主动流失率（季度同比）降低 20%以上 A 级(5 000 分以上)	主动流失率（季度同比）降低 10%—20% B 级(1 000—5 000 分)	主动流失率（季度同比）降低 0—10% C 级(0—1 000 分)

(续表)

名称	级数	评分标准表		
		A级	B级	C级
		KPI(关键绩效)指标		
结果贡献度	安装非常满意度提升	非常满意度(季度环比)提升15%以上 A级(5 000分以上)	非常满意度(季度环比)提升5%—15% B级(1 000—5 000分)	非常满意度(季度环比)提升0—5% C级(0—1 000分)
	维修一次完成率	维修一次完成率(季度环比)提高3个百分点以上 A级(5 000分以上)	维修一次完成率(季度环比)提高2—3个百分点 B级(1 000—5 000分)	维修一次完成率(季度环比)提高0—2个百分点 C级(0—1 000分)
	临提函证率的提升	季度临提函证率(季度环比)提升0.5个百分点 A级(5 000分以上)	季度临提函证率(季度环比)提升0.3—0.5个百分点 B级(1 000—5 000分)	季度临提函证率(季度环比)提升0—0.3个百分点 C级(0—1 000分)
	100%的用户跟踪	用户跟踪的比率(季度环比)提高10个百分点以上 A级(5 000分以上)	用户跟踪的比率(季度环比)提高5—10个百分点 B级(1 000—5 000分)	用户跟踪的比率(季度环比)提高0—5个百分点 C级(0—1 000分)
	其他	其他可类比的改进结果贡献度如残次机的降低、事故赔偿金额降低、技能提升、服务ASTAR的改进、管理流程的改进、团队建设的改进等		

CI虽然只是价值观推广活动的一种形式,但在其奖励制度之中既体现了对员工的回报,又体现了为公司、股东带来效益,因此,A.O.史密斯公司的CI奖励制度体现了公司价值观的内涵。一方面,A.O.史密斯公司通过制定量化标准对体现公司价值观的行为进行激励,并用制度的形式将该活动定期化、正式化,保障了价值观的推行。另一方面,由于制度化地推行CI,A.O.史密斯公司不仅提升了工作绩效,更是在改进改善中,持续传播"四个满意"的价值观,以"四个满意"作为改进效果的评判标准,进而影响改进的方向,推动公司发展向着"四个满意"的目标前进。

A.O.史密斯公司自2004年开始推广CI,到2014年已经第11年了,正是这11年不断的持续改进,使得A.O.史密斯公司的管理日臻完善,不断保持竞争优势。

(二) CI 的运行

为了让员工更好地参与到 CI 活动中来,并且能够使得 CI 真正发挥作用,在公司高层的推动下成立了 CI 部门,专门负责全员持续改进项目,使得持续改进从口号宣传变成实际行动,并在这一过程中紧紧伴随着对"四个满意"的宣传。从原来仅限于生产一线,到现在真正的"全员"参与,在全公司包括采购、生产、销售、物流、服务等各个环节和各个支持部门开展 CI (见图 6-7)。

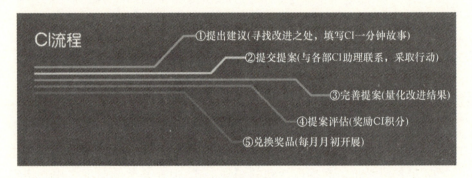

图 6-7　CI 流程

为了激励每一位员工加入到 CI 平台中来,在公司的各个地方,关于持续改进的宣传资料随处可见。公司办公楼大厅南边的显眼处,在持续改进的展示柜中,摆放着一件件精美的 CI 积分小奖品,邻近的架子上放有积分兑换的奖品手册;在车间几个入口处,也都可以看到 CI 宣传材料;在通往餐厅的公司文化长廊里,也可以看到员工积极参与 CI 并获得奖励的图片。在公司对外沟通的各种场合,CI 也成为一项每谈必提的话题。甚至是员工见面,也不忘问一句:"你今天 CI 了吗?"

为了方便员工参与到 CI 中,A.O. 史密斯公司为每个员工建立了 CI 积分档案,当员工向公司提出合理化建议并被实施时,公司会根据实际情况奖励CI积分。在公司的内部网站上,员工可随时通过特别设定的综合CI查询系统,自由查询CI积分和参与过的CI项目。员工可以凭借积累的CI积分按照兑奖原则兑换相应的奖品,像iPhone、笔记本电脑等都位列备选范围,如今这一兑换范围得到了更大的扩充。

不仅如此,在A.O.史密斯公司的生产车间里,为了方便员工简单描述"思想火花",A.O.史密斯公司专门设计了"一分钟CI故事"的表格,员工随手可拿可填。如今,伴随着智能手机的快速普及,公司在开通手机短信进行CI提交的基础上,又开发了专门的微信公众平台、APP手机客户端等,通过任一渠道,员工都可以实现方便快捷地提交CI(见图6-8)。

图6-8　CI积分和提交方式开通

除此之外,在每个部门中,公司会特别安排受过专门培训的员工兼职担任CI辅导员,让他们在自己的部门内扮演起CI教师、教练、协调员、沟通员与推动者的角色。一位公司的管理人员在访谈中说:"这种做法的目的是,希望尽最大可能,鼓励和方便每一位员工随时随地提出或实施有关生产制造、质量控制、运作流程、经营管理方面的合理化建议。"

(三)CI的效果

正是A.O.史密斯公司的高度重视和有力的激励措施,使得CI项目在企业内部生根发芽,成为推动企业前进的动力之一。有时一个花费无几的

CI项目,就能一举创造出几十万乃至几百万元的成本缩减。丁威说:"只有鼓励每一位员工发现问题、提出问题,并倡导他们积极参与CI项目,分析问题,实施改进方案,才能真正解决问题,推动公司各方面的持续改进。"

在A.O.史密斯公司,真正吸引全体员工参与持续改进,并将持续改进作为一种兴趣的原因不仅仅在于CI积分能换取各种各样有趣的、有价值的奖品,更在于CI积分所带来的荣誉感和成就感。A.O.史密斯公司在CI积分查询系统中,专门设置了所有员工都可以看到的个人和部门的CI积分排行榜,公司每年还会评选出CI年度总冠军,并通过《A.O.史密斯通讯》刊登员工CI获奖情况以及参与CI活动的感悟和体会。有一些老员工累积了大量的CI积分,竟然一直舍不得把它们兑换成奖品,他们把CI积分真正看成了一种荣誉、贡献和成就的象征。另外,对于高潜人员的评价,CI积分也是一项重要的评价指标,比如在对高潜人员进行TRIP胜任力模型的评价中,如果没有CI积分,I(Innovation,创新)、P(Professionalism/Passion,专业/激情)这两项都可能会存在问题。

通过CI制度的推广和执行,A.O.史密斯公司的员工在参与CI活动中,不仅对企业的价值观有了深层次的理解和认同,而且行为中也体现出企业的价值观,公司的创新案例也层出不穷,这些创新涉及企业的每一个部门、每一个生产运营环节,同时也使企业获得了意想不到的收获。

■ 小结

企业文化是企业的灵魂,可以把员工紧紧地团结在一起,形成强大的向心力,使员工万众一心、步调一致,为实现目标而努力奋斗。一个企业只有拥有深受认同的文化,才会具有真正的核心竞争力。作为一家百年公司,

A.O.史密斯公司继承了美国A.O.Smith公司的文化基因,以"四个满意"为价值观,采取全方位的文化活动,包括深入人心的价值观标语、吸引眼球的视觉环境以及广泛传播的《A.O.史密斯通讯》,营造强有力的文化氛围;同时,采取价值观推动活动、CI项目,让全员参与到践行企业价值观的行动中来,促进员工认同并接受企业的价值观。企业上下都沉浸在这种文化氛围中,每个人都感染着他人,也为他人所感染。正是这种文化的浸润,给A.O.史密斯公司的发展带来了勃勃生机。

第七章
关 爱 员 工

● ● ● ●

员工是企业最宝贵的财富,也是企业获得竞争优势的主要来源,因此企业经营管理中必然要重视员工、关爱员工,才能激发员工的工作积极性。在价值观管理的过程中,如何将关爱员工体现在具体的管理行为中,是影响价值观管理成效的一个重要因素。A.O.史密斯公司对员工的关爱主要体现在生活和工作两方面,并以此实现员工满意、达到员工认同价值观的目的。基于以上的分类,本章主要介绍了A.O.史密斯公司对员工的生活关爱以及对员工的工作关爱。

第一节 生 活 关 爱

A.O.史密斯公司对员工的生活关爱的形式是多种多样的,这些关爱既有一些具体活动,也有一些细节体现。最重要的是,通过这些活动和细节,员工能够感知到公司对他们的重视和关爱,以及他们在公司价值观管理中的重要作用,由此提升了员工对公司价值观的认同。

一、活动关爱

A.O.史密斯公司对员工的生活关爱不仅体现在口号上,而且体现在丰富的活动之中。通过具体的关爱活动,将"员工满意"的价值观落实到行动之中,让员工切实感受到公司对员工的重视和关心。

(一) 员工家属日

员工家属日(Family Day)是 A.O.史密斯公司关爱员工生活的一项活动。该项活动自1998年公司成立以来,每年都在举行。在此过程中,活动的主题、形式以及参与者等都在根据员工的需求和价值观管理的需要不断地进行改进与完善,取得了良好的效果。

在最开始的时候,员工家属日的形式和内容要相对简单一些,主要是邀请员工的家属到公司聚餐和参观,促进员工家属对公司的了解和对员工工作的支持。后来,为了配合公司的价值观管理,员工家属日开始进行相应的调整和变化,会设置一些具体体现公司价值观的活动主题,例如"安全""消除浪费"等(见表7-1)。

表7-1 A.O.史密斯公司2009—2014年员工家属日

时间	活动内容	活动主题
2009.08	参观工厂生产线、产品展厅;子女才艺秀;亲子互动;餐厅聚餐	暑期AO游
2010.07	参观工厂生产线、产品展厅;子女才艺秀;亲子互动;餐厅聚餐	暑期科技游
2011.08	参观工厂生产线、产品展厅;子女才艺秀;餐厅聚餐;集体看电影	魔幻之旅
2012.05	参观工厂生产线、产品展厅;子女才艺秀;烧烤	春季踏青游
2012.11	参观工厂生产线、产品展厅;子女才艺秀;餐厅聚餐;游紫金山	绿色环保游
2013.06	参观工厂生产线、产品展厅;子女才艺秀;主题乐园和开心乐园活动	杜绝浪费游园会
2013.11	参观工厂生产线、产品展厅;子女才艺秀;安全知识竞答;主题乐园和开心乐园活动	安全你我同行
2014.05	参观工厂生产线、产品展厅;子女才艺秀;捐助活动;餐厅聚餐;游南京博物馆	心系A.O.史密斯博爱小学

尽管A.O.史密斯公司每一次的员工家属日活动的形式在发生变化,但

都主要包括三部分内容。第一部分是参观生产车间,其目的是让家属和子女近距离地接触A.O.史密斯。在参观车间的时候,公司会安排专门的讲解员为家属和子女讲解A.O.史密斯产品的主要生产环节,从热水器的内胆制作,到外壳喷涂,再到产品组装,这样能够让家属和子女更进一步地了解A.O.史密斯公司的生产流程。第二部分是"员工子女才艺秀",这是员工家属日活动中最精彩的一部分,也是整个活动的一个亮点。参加员工家属日活动的员工子女在舞台上通过多种形式展示自己的才华,包括唱歌、跳舞、书法、绘画等,优秀的书画作品还会张贴在食堂的壁橱中进行展览。第三部分是互动活动。公司会让家属、子女和员工共同参与活动,比如"亲子跳绳""夹球跑,看谁跑得快"等,在互动活动中,拉近了与家属和子女之间的情感距离,让他们在公司度过开心美好的一天。除此之外,A.O.史密斯公司还会根据家属日的活动主题组织家属和子女去参观博物馆及公司的产品展台、看电影、爬山等(见图7-1)。通过员工家属日活动,在让家属和子女了解A.O.史密斯公司的同时,也让员工感到快乐和满意,体现了A.O.史密斯公司"员工满意"的价值观。

图7-1　2014年A.O.史密斯公司春季员工家属日

（二）全球奖学金计划

美国 A.O.Smith 公司的全球奖学金计划旨在体现公司对员工的关爱，帮助符合条件的员工子女完成高等教育，并且不受性别、民族、种族、信仰等条件的限制。A.O.史密斯公司推行全球奖学金计划，不仅是为 A.O.史密斯公司所有符合条件的员工子女提供获得奖学金的机会，而且是将对员工生活的关爱落实到具体的行动之中，实现员工对公司价值观的认同。

全球奖学金计划于 2007 年在 A.O.史密斯公司开始推行，申请工作一般从每年的 2 月份开始进行，由公司总裁办负责推进，公司所有符合条件的员工子女都可报名申请，机会均等。首先，公司的总裁办会设计奖学金项目宣传海报并邮寄至各地办事处，同时以邮件的方式发送给全体员工，使员工对该项目有深入的了解。其次，总裁办的工作人员会主动发掘符合申报条件的员工，积极主动地联系员工，鼓励他们的子女申报全球奖学金计划并协助他们准备申报材料。由于该奖学金计划是在美国 A.O.Smith 公司评选，所以需要提交英文申请材料。总裁办的工作人员还要协助申请人整理信息，填写表格并翻译成英文后快递至美国 A.O.Smith 公司的奖学金评定组织。最后，总裁办还要配合奖学金评定组织核实申请者的基本信息，及时向申请者通知获奖情况，组织奖学金获得者参加颁奖仪式。

为了能够让更多的员工子女获得全球奖学金计划，A.O.史密斯公司不断地改进工作，参与申请和获奖的人数也在逐年增加。例如，2013 年 A.O.史密斯奖学金报名和获奖人数双双创历史新高，较 2012 年增加一倍，总裁办的王娟也因此获得"2013 年南京价值观推动奖"的"客户满意奖"。王娟在推动全球奖学金计划的工作中不断改进，她主要从以下四个方面进行创新：

第一，分析参与人数少和获得资助人数少的原因。她认为，获得资助人数少的主要原因是申请的人数较少，而申请全球奖学金计划人数少的主要原因是宣传力度不够，全球奖学金项目在中国员工中的知名度不高，致使该项目不能广泛深入到广大员工心中。

第二,改变宣传策略。首先,重新设计海报,改变海报的设计颜色,在海报上呈现并突出奖金数额和报名方式,吸引大家的关注;然后,在南京总部、各地分公司、办事处竖立宣传展架、海报(见图7-2),在官方网站同步发布项目报名信息,并向全体员工发送项目启动邮件。

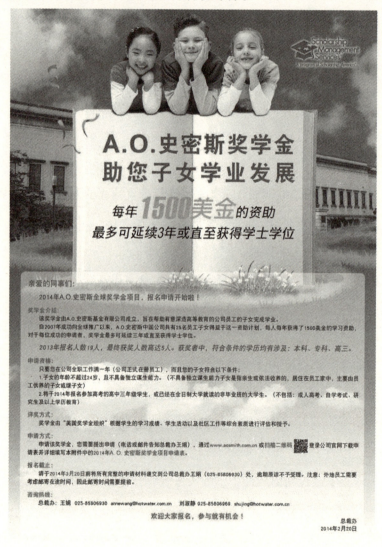

图7-2　A.O.史密斯公司2014年全球奖学金启动宣传海报

第三,积极推动申报。收集符合条件的员工的信息,主动打电话介绍项目情况,邀请和鼓励报名,并辅导员工和子女准确、恰当地填写材料及准备材料,并分阶段提醒其按时提交材料。

第四,提高申报材料的质量。一方面,力求报名材料的翻译准确无误,同时还要让翻译的材料符合美国的阅读习惯和文化背景,更准确地将申请者的信息传达给评奖机构;另一方面,准备丰富的申报材料,不仅递交必备材料,还增加附加材料,包括获奖证书和奖状等,更好地展现申请者的优势。另外,还可以分析往年全球奖学金获奖者递交的材料,以此来改进申报材料,提高当选的几率。

A.O.史密斯公司每年都会积极推进全球奖学金的申报活动,并不断地改进工作,尽最大能力来帮助员工子女获奖。全球奖学金计划的推行不仅使得A.O.史密斯公司的员工受益,更重要的是在该项目推行的过程中,能让员工真正感受到公司对员工利益的关注和重视。

二、细节关爱

员工的需求是多方面的,要让员工满意就要满足员工的需求。公司可以通过制度规范来满足员工主要的需求,但制度规范不可能覆盖员工所有的需求,尤其是那些动态变化和细小的需求。因此,需要管理者完善管理制度,及时、准确地了解员工的需求,并创造条件去满足员工的需求,从而实现对员工的关爱。A.O.史密斯公司对员工的生活关爱,一方面体现在具体的活动之中,另一方面体现在每一个细小的环节上。公司在每一件细微的事情上都能从员工的角度出发,重视员工的利益,并处处体现出对员工的关爱,营造出一个关爱员工的氛围。

（一）班车服务

由于房价和房租的问题，A.O.史密斯公司的很多员工在比较偏远的地方买房或租房，公司数千名员工分散居住在城市的各个地方，不方便搭乘公共交通工具上下班。又加上公司的生产车间需要一部分员工上夜班，这样员工的通勤就更不方便了。因此，能够搭乘便利的交通工具上下班就成了公司员工的一个基本的需求。

员工生活无小事。在员工反映了上下班的交通问题之后，A.O.史密斯公司对这一问题就给予了高度关注。首先，A.O.史密斯公司对其员工的住宿分布进行了分析，然后对现有的班车数量和班车路线进行了调整，力争保证员工上下班时间不超过一个小时。而且，公司为了员工方便乘坐班车还延长了班车的运行路线。虽然班车路线数量和路线的调整给A.O.史密斯公司每年带来约130万元的成本增加，但是公司却认为这一做法是值得的，因为它实现了员工满意。其次，A.O.史密斯公司不只为员工提供服务，还尽力为员工提供优质的服务。A.O.史密斯公司和外部专业的汽车租赁服务公司签订协议，由专业的汽车租赁服务公司为公司提供班车服务，并且规定班车的车龄不超过3年，即每3年都要更换一批新车，这样不仅能够保证运行的效率和安全，还能给员工提供一个良好的乘车环境。

（二）大雾停车住宿

A.O.史密斯公司对员工的关爱体现在每一个细节之中，而且这些细节并不仅仅体现在既定的环节上，还体现在一些突发的、非预期的细节上，这也充分说明了A.O.史密斯公司对员工的关爱是发自内心的而不是在做表面文章。例如，有一年冬天的一个晚上突降大雾，当晚上夜班的员工中，有一部分住在江北，班车送他们回家还要经过长江大桥。班车在行进的途中发现，雾越来越大，路面能见度很低，无法过桥。在这种情况下，如果班车继续行走,把员工送到住宿的地方,可能会很晚,这不仅影响员工休息,而且在途中还可能产生交通安全隐患。当时,相关负责人为了员工的安全决定立即停车,而且公司的相关负责人还专门开车从家中赶到班车停靠的地方。在争取员工的同意后,就近找到宾馆安排员工住宿,并由公司支付住宿费用。

(三) 餐饮服务

当你走进 A.O.史密斯公司的餐厅,你会发现这里整洁、舒适,布局合理。每天都会有几千人在这里就餐。由于公司在开发区,离市区较远,周围没有餐厅等生活服务设施,所以为了使员工就餐方便,公司开设了自己的员工餐厅,每天免费为员工提供午餐和加班餐。

由于公司的员工大多来自全国各地,大家的饮食习惯有很大的差别,很容易出现众口难调的问题。另外,员工对餐饮营养性的要求也不尽相同。为了满足员工的不同需求,让员工用餐满意,公司餐厅在 A、B 两种套餐的基础上,又推出 C 套餐。A 套餐满足清淡口味员工的需求;B 套餐满足喜食荤菜员工的需求;C 套餐是根据员工的意见而设立的创新套餐,主要为面条、饺子,目的是通过创新满足员工不断变化的口味需求。公司在食堂的入口处专门设置了意见留言板,员工可以在留言板上写下自己对餐饮服务的改进意见和要求,餐厅的工作人员会定期收集员工的反馈意见,根据员工的反馈进行套餐创新。每当套餐发生变化时,就会有专门的工作人员在员工用餐的时候做现场调查,询问员工对套餐是否满意,以及一些具体的建议,以此作为套餐后续调整的依据。

A.O.史密公司的所有员工都在一个餐厅用餐,领导没有自己独立的食堂,与员工一起排队就餐。另外,公司还在每天下午 2 点,提供孕妇餐,专门为怀孕在职的女员工提供加餐服务,这虽然是一件小事,却能充分体现出

A.O.史密斯公司对员工的细节关爱。

（四）提前告知假期

A.O.史密斯公司的员工来自全国各地，由于工作的原因，很多员工平时无法和家人团聚。所以，公司也尽一切可能为员工与家人团聚提供便利。每次在节假日之前，公司为了方便员工安排自己的假期行程，都会提前告知员工放假时间和工作安排。考虑到我国交通出行的现状和购票规定，A.O.史密斯公司规定在所有节假日放假之前，都会提前20天告知员工公司的放假时间，以便于员工能够提前订票，计划好自己的行程。虽然这是一件很小的事情，但是却会给员工带来很大的便利，同时也体现出A.O.史密斯公司关爱员工、努力实现员工满意的价值观。

（五）洗车服务

随着经济条件的改善，A.O.史密斯公司开私家车上下班的员工越来越多。在跨级别沟通会上，有员工反映洗车不方便，提议公司帮助员工解决洗车问题。为了方便员工的生活，公司接受了员工的提议，在公司停车场设立洗车点，员工可以用自己的CI积分换取洗车服务。最初，员工可以在网上预约，并用自己的CI积分来兑换洗车服务。但是后来随着开车上下班的员工人数的增多，洗车的人也越来越多。有生产部门的员工反映说由于工作条件的限制不方便使用电脑，他们和办公室工作人员相比，使用网络预约洗车服务比较麻烦，所以洗车排队要等很久，并且这也存在不公平的现象，不符合公司的价值观。考虑到生产部门员工的意见，公司决定取消网上预约洗车服务，实行开车到现场，先到先服务的原则。A.O.史密斯公司的洗车服务不仅给员工的生活带来了便利，而且还体现出公司的价值理念，同时也促使员工在工作中更积极地提出改进意见、参与持续改进项目，获得更多的CI积分，换取免费的洗车服务。

（六）医疗保健

身体健康是第一位的，也是取得优秀工作业绩的前提。A.O.史密斯公司十分注重员工的身体健康，为了防治职业病，每年都会为所有的员工提供免费的体检服务，并且要求所有的员工都必须参加体检。公司每年都组织员工到三级医院进行体检，并且体检是在正常的工作时间，不挤占员工的休息时间。

另外，A.O.史密斯公司位于南京经济开发区，周围没有医疗服务机构，以前，员工如果身体不舒服，哪怕是感冒、发烧这样的小病都要到较远的地方才能就医。A.O.史密斯公司发现了这一情况，于1998年开设了自己的诊所，配有专业有处方权的医生，为员工提供基本的医疗服务。公司为了方便员工，与相关主管部门协商，使得公司的诊所获得了使用医保卡的资质。诊所配备了相应的设施，并提供社区医院服务。这样员工在公司的医疗诊所就医、开药就可以使用医保卡统筹账户，给员工带来了很大的便利。

A.O.史密斯公司对员工的生活关爱是发自内心的，并体现在每一个细小的环节之中，达到了体贴入微的程度。公司不仅强调各级领导要积极做事情，而且要站在他人的立场来考虑，用他人能够接受的方式做事情，这样才能真正让员工感受到公司的关爱，同时也能让员工认同公司的价值观。

第二节　工作关爱

A.O.史密斯公司从员工的角度，给予其全方位和个性化的工作关爱。在安全方面，公司首先为员工提供了一个安全的工作环境，其次为员工提供了安全教育培训，消除了工作场所的不安全因素，并有专门的制度保障员工的工作安全。在员工心理压力方面，公司为员工提供了缓解压力的环境和设施,并且还在进一步地改进和完善。在员工发展和成长方面,公司从员工的角度,根据员工自身的情况,为其职业生涯发展提供帮助。

一、工作安全

工作安全是公司生产经营管理活动的重要组成部分,是公司对员工工作关爱的体现,也是影响员工满意的重要因素。一个重视并切实履行工作安全责任的公司,也是对自己的持续健康发展负责任的公司。A.O.史密斯公司在安全生产中坚持"安全第一、预防为主、综合治理、以人为本"的方针,倡导"一切安全隐患事故都是可以避免的;一切以安全为前提;只要存在安全隐患,就是管理者的问题"的安全管理理念。公司将这一安全管理理念贯穿于工作的每一个环节,实现了300万小时的安全生产纪录[①],在美国A.O. Smith公司及其子公司的工厂中创造了最佳安全纪录,这也使得A.O.史密斯公司在工伤事故预防方面达到世界级工厂的要求。

A.O.史密斯公司一直把工作安全看作是企业生产经营管理中的重要问题。为了营造安全的工作环境,A.O.史密斯公司从制度保障、安全培训等方面做出不懈的努力。对于制度保障,公司一方面制定了相关的安全管理规范,比如公司规定每年都会对噪音、粉尘、紫外线辐射、焊接烟尘等指标按照国家规定进行检查,以保证工作场所的安全和健康;对于喷粉工序、发泡工序、焊接工序、危险化学品使用与存放等重点要害部位,建立了特殊情况下的应急处理预案;公司推进安全生产风险管理,强化激励机制作用,提

---

① 300万小时的安全生产纪录,其含义是无损失工作日累计安全生产小时数。A.O.史密斯公司遵循美国A.O.Smith公司的传统,将工伤等级划分为两个大类:一类是急救工伤,及时处理,能够回到工作岗位;一类是可记录工伤,即需要二次就医的,又细分为无损失工作日工伤和损失工作日工伤,前者指二次就医后,可以继续工作,后者指工伤较为严重,需要休工伤假。一旦发生需要休工伤假的工伤事故,无损失工作日累计安全生产小时数即会清零。

高安全管理人员的积极性，不仅在实际工作中把确保人身安全、防治职业病危害放在安全工作的首位，还通过内外部市场资源整合，以责任区域管理为核心，对现场健康安全问题实施全过程闭环控制。

另一方面，A.O.史密斯公司为了确保员工在工作中能够胜任安全要求，每年都会进行安全考试。根据考试的结果将员工的安全能力分为A、B、C三个等级，而且公司还规定员工须达到岗位要求的安全等级才能上岗工作。例如，公司某岗位对安全的等级要求是A级，如果在这一岗位上的员工安全考试等级为B级，那么这名员工就无资格从事该岗位的工作，只能从事安全等级要求为B级的工作。当然，如果员工的安全考试等级在下一次考试中得到提升，那么他还可以申请从事安全等级要求为A级的工作。此外，公司还规定，如果员工在工作中出现了不安全的工作行为，那么就会根据这种不安全工作行为的性质降低他的安全等级，降低后的安全等级若达不到现在的工作岗位的要求，该员工就需调离目前的工作岗位。

对于安全培训，A.O.史密斯公司在对历次的事故进行分析和总结时发现，大约有90%的安全事故是由于违章操作、侥幸心理等人为因素造成的，工作人员的安全意识薄弱是导致安全事故的重要原因。因此，为了实现安全生产，A.O.史密斯公司采取了三方面的措施，保证员工的安全：第一，安全意识教育。公司不断加大安全生产教育，强化员工的安全意识。提高一线员工的安全素质和事故防范能力，特别是注重新进员工的岗前培训，使全体员工都有"我要安全"的思想意识，并且人人都要真正做到"我要安全"。第二，作业安全培训。对电工、叉车、起重、焊接等特种作业，公司安排专项培训。第三，建立三级安全培训体系。实行三级安全培训，具体包括安全部经理对车间主任进行培训；车间主任对班组长进行培训；班组长对员工进行培训。由于A.O.史密斯公司采取了行之有效的工作安全措施，注重超前防范隐患,教育员工严格遵守安全规章规范,并通过制度来强化员工的工作安全意识和行为,所以公司成立至今,未发生重大工伤事故。

案例 7-1

生产车间人员佩戴安全防护眼镜的规定

1. 目的:为了对公司生产车间人员佩带安全眼镜进行统一有效的管理,保证生产区域内员工、外来人员的安全,特制定本规定。

2. 适用范围:适用于公司所有部门的员工、供应商的员工及其他外来人员。

3. 职责:人力资源部安全部门负责该规定的日常维护。

4. 程序:

4.1 任何A.O.史密斯公司员工、供应商员工及其他外来人员进入车间生产区域都必须佩带安全眼镜;已经佩戴近视眼镜和老花眼镜的员工,在公司未发放合适的眼镜前对安全眼镜的使用暂不要求;严禁将平光镜当防护眼镜使用。

4.2 生产区域的界定:车间内除休息区、办公室、更衣室、诊所附近的绿色区域、老收发室附近的绿色区域外的所有区域。

4.3 办公行政部门人员非工作需要不允许进入生产区域;上下班、就餐时间禁止从车间内穿过。

4.4 车间员工到餐厅就餐、休息时间到车间外休息时都必须随身携带安全眼镜,进入车间内需立即佩戴安全眼镜;行政管理人员进入车间(绿色区域除外),必须佩戴安全眼镜。

4.5 到生产车间参观的外来人员,由接待部门负责人按照《A.O.史密斯公司车间参观管理规定》进行申请,凭签批完成的申请单到安全部门登记存档,并领取安全眼镜。

4.6 进行相关活动的外来人员,由接待部门到公司2号门或办公室前台领取安全眼镜;提货的外来人员在公司1号门门卫那里登记后领取安全眼镜;送货的外来人员在公司3号门门卫那里登记后领取安全眼镜。

4.7 员工上下班出入口说明:所有车间内员工上下班必须从停车场旁的员工通道进入车间内;办公室人员从大厅正门或绿色区域边门进入;其他出口禁止员工上下班出入;1号门、3号门属于货物进出通道,严禁人员进出;4号门属于员工上下班进出通道;2号门属于来访人员及公司私家车进出通道。

4.8 违反规定人员的处罚:

a. 没有佩戴安全眼镜的公司员工,每次给予50元经济处罚及相应纪律处分,屡教不改者最终可解除劳动合同。

b. 没有佩戴安全眼镜的供应商员工、外来人员,每次给予50元经济处罚。

4.9 经济处罚程序:对违反规定没有佩戴安全眼镜的人员,由管理者将其交由安全部门处理,经过安全部门确认后将记录安全违纪行为并开出罚款通知单,违规人员持该通知单到财务部出纳处交纳罚款,财务部出纳开具罚款收据。

5. 相关记录:《经济处罚通知单》。

A.O.史密斯公司除了采取制度保障、安全培训等措施之外,还通过举行与安全相关的活动来吸引员工参与。公司认为安全活动有助于构建安全的文化氛围,让更多的人主动参与到安全活动中,主动改善现场不安全因素,杜绝不安全行为的发生。所以,A.O.史密斯公司组织开展"A.O.史密斯安全知识竞赛",鼓励员工参与美国A.O.Smith公司设立的"董事长安全奖"

"健康和安全价值观奖""安全里程碑奖"等奖项的评选活动。

A.O.史密斯公司的生产部门每年都有安全生产工时目标,在A.O.史密斯公司,"安全生产,人人有责""创造良好的工作环境""建立和执行先进的安全管理体系""充分发挥各级员工的安全参与性"是管理层一直以来贯彻始终的理念和做法。在A.O.史密斯公司的任何一个角落,都可以看到有关安全生产的标语和警示,时时刻刻提醒着员工注意安全。员工进入车间必须佩戴安全防护眼镜,上岗操作必须穿上劳保鞋,部分有噪音的岗位必须塞上耳塞等。车间内有细致的分工,每个人都有自己所负责的安全区域。从车间经理到每位员工,人人参与,大家都为创造一个安全的生产车间努力,即发现,即整改,以最快的速度清除安全隐患点。

A.O.史密斯公司高度重视员工的工作安全,并体现于具体的管理行为之中。这样既保障了公司的正常运营,又为员工营造了一个安全的工作环境,将"员工满意"的价值观理念落实到具体行动中。

案例 7-2

纪念公司安全生产创新纪录——300万工时安全生产纪录

2011年8月26日是一个值得A.O.史密斯公司全体员工纪念的日子。这一天,公司全体员工在食堂二楼举行了"300万小时安全生产纪录颁奖大会"。参加会议的人员,除了A.O.史密斯公司的全体员工之外,还有来自美国A.O.Smith公司水制品公司高级副总裁兼首席运营官Steve Anderson先生和A.O.史密斯(中国)投资有限公司总裁Wilfried Brouwer先生。在颁奖大会上,Steve Anderson先生首先对A.O.史密斯公司所取得的这一具有历史性意义的安全纪录给予了热烈的祝贺(见图7-3)。他说:"A.O.史密斯公司的工厂已成为生产型企业中少数能够使安全生产纪录超过100万小时,达到300万小时的工厂。放眼世界像我们这样类型的制造企业,能达到300万小时安全生产纪录的企业不足5%!在我们的努力下,A.O.史密斯公司的工厂已经在工伤事故预防方面处于世界级的地位。"美国A.O.Smith公司董事长兼首席执行官Paul Jones先生还亲笔撰写了祝贺信。祝贺信由A.O.史密斯(中国)投资有限公司总裁Mr. Wilfried Brouwer代表Paul Jones先生送上。Paul Jones先生对A.O.史密斯公司取得的安全业绩给予了诚挚的祝贺,并指出A.O.史密斯公司的工厂不仅是A.O.史密斯中国工厂中第一个取得如此安全成就的工厂,同时也是美国A.O.Smith公司全球工厂中达到300万小时安全生产的仅有的四个工厂之一,并将其取得的安全成就归功于A.O.史密斯公司上年所实施的五项新的卓有成效的安全项目、归功于A.O.史密斯公司的管理层、归功于A.O.史密斯公司工厂的每一位员工所付出的额外努力,最后Paul Jones先生希望公司能够再接再厉、再创辉煌。

图7-3　Steve先生(右)代表美国A.O.Smith公司颁发"安全生产奖"

二、工作压力管理

"没有压力就没有动力",一定程度的压力能够提升员工的工作绩效,但是若压力超过一定程度就可能会起负面作用。如果过大的压力得不到及时有效的释放和消除,就会使员工内心产生焦虑,破坏人际关系和谐度,降低员工的工作效率,影响员工的身心健康。

A.O.史密斯公司是一家强调不断创新、不断改进的企业,因此在公司发展的过程中每位员工都会感受到一定程度的工作压力。如何释放员工身上的工作压力?A.O.史密斯公司除了通过培训,让员工学会自我舒缓释放压力之外,对一些工作压力突出的岗位和部门,例如客户关怀中心,还实行多项改进措施进行工作压力管理。

对于A.O.史密斯公司来说,客户关怀中心是一个非常重要的部门。因为该部门建立了公司和客户直接沟通的渠道,是公司发现产品和服务问题的重要途径,也是公司实现"客户满意"的重要方式。但是,客户关怀中心同样是接受顾客投诉、抱怨的部门。由于种种原因,公司很少的一部分客户会出现不满意的情况,不满意的客户会打电话给公司的客户关怀中心,抱怨、发泄不满。该部门的员工,每天不仅要面对各种各样顾客的投诉,甚至言语上的侵犯,而且还要耐心地解决顾客的任何抱怨或不满。所以,客户关怀中心的员工必然会产生心理压力。那么,怎样在实现"客户满意"的同时实现"员工满意"呢?

为此,A.O.史密斯公司一方面不断采取改进措施,以实现公司产品和售后服务质量的提升,减少客户抱怨,消除客户关怀中心员工工作压力的源头;另一方面对员工进行培训以提高员工应对客户抱怨的能力,帮助员工建立工作自信,消除压力的影响。例如,公司每月的例会都会向客户服务中心的员工讲解公司产品的知识及相关政策,以提升员工应对客户抱怨和投诉的能力。

另外,A.O.史密斯公司还专门设立压力释放室,帮助员工释放工作压力。公司在压力释放室中摆放了沙发、电脑、杂志等,营造了一个与工作场所截然不同的舒适环境,让员工在工作时间之外能够在此休息和调整,并且还准备聘请专门的心理医生和员工交流,减轻其心理压力。

三、咨询、辅导和告诫

在公司中,员工在工作上需要多方面的指导和帮助,尤其是新员工刚进入公司,对工作的各个方面都不熟悉,更需要一定的指导和帮助。为了帮助员工成长与发展,A.O.史密斯公司推行了关爱员工的"咨询、辅导和告诫"活动。

"咨询、辅导和告诫"活动是员工的直接领导对下属的工作提供帮助的活动。"咨询"是指员工在工作中如果遇到问题,可以向自己的领导进行咨询,以得到指导性的意见。"辅导"是指领导会对员工提出的问题进行辅导,并主要针对员工做得不到位的地方给出具体可行的建议和意见。"告诫"是指领导发现员工在工作中有做得不好的地方,或者员工有违反公司规范的工作行为时,领导要对员工进行告诫,以警告员工不要在工作中再次出现同样的错误行为。通过告诫,领导能够了解员工当时产生不当行为的原因,告诉员工哪些工作行为是不允许的,并建议员工如果以后遇到类似的事情应该怎么做。

A.O.史密斯公司的"咨询、辅导和告诫"活动,为员工的行为提供了一定的指导作用,能够及时地帮助员工解决工作中的问题,提高工作效率。这项活动不但能够促进领导与员工的良性互动,营造良好的工作氛围,让员工感觉到工作带来的快乐，而且还能够促进员工对公司价值观的认同。

四、职业生涯管理

职业生涯管理对员工自身的发展和企业的发展具有重要的价值及意义，不仅让员工感受到来自公司的关爱，感受到自身的价值被认可，而且企业也可以通过培养优秀的员工，来提升企业绩效，推动企业发展。A.O.史密斯公司在对员工的职业生涯进行管理的过程中，立足于为员工打造"任你飞，任你跃"的职业生涯发展平台，使用培训、岗位评价、内部晋升等多种科学的管理手段和方法，将价值观融入职业生涯管理之中，实现员工与企业的双赢。以晋升为例，在管理实践中，晋升是一种激励员工的手段。但是，如果在员工晋升的时候只考虑其晋升有利于企业的发展，而不考虑员工是否适合新岗位以及这种晋升对其职业生涯发展是否有利，那么，这种只从企业的角度来看待晋升的方式就是有局限性的，不利于员工的职业生涯发展，对企业的长期发展也会产生不利影响。A.O.史密斯公司在员工晋升的时候，不仅考虑哪些员工适合这个岗位，同时还从员工的视角来思考，晋升是否对这位员工的职业成长有帮助，是否有利于他的发展。在多视角考虑的基础之上，才会做出晋升决定。很显然，该公司的这种职业生涯管理方式体现出了公司的价值观，因为这种管理方式会让员工觉得自己不是公司发展的工具，而是与公司一起发展，公司的价值观也因此能够更加顺利地推行，得到员工更多的认同和践行。

A.O.史密斯公司对员工的工作关爱体现在每一个工作细节之中，而且这些关爱源于公司深层次的价值观。在访谈中，我们还了解到很多A.O.史密斯公司在工作中对员工关爱的例子，虽然事情很小，但却能真实地体现出公司在工作中对员工的关爱。例如，我们在访谈中知道，有时一线员工到相关部门办事,由于不知道办事的具体流程,就会有相关部门的员工积极帮助他。主动地询问他有什么要帮助的,并告诉他如何办理,以及具体的细节。类似的例子在 A.O.史密斯公司有很多,这从一个侧面反映出,A.O.史密斯公司时时刻刻在通过对员工无微不至的关爱,来体现和践行"员工满意"的价值观。

小结

A.O.史密斯公司价值观管理的成功与公司对员工的关爱是密不可分的。该公司对员工的关爱不是一种形式上的、表面上的关爱,而是切切实实体现在各种行为之上,落实到具体的行动之中。A.O.史密斯公司对员工的关爱主要包括生活关爱和工作关爱。前者体现在方方面面的公司活动和具体的细节之中,包括员工家属日、全球奖学金计划、班车服务,等等;后者体现在公司给予员工全方位和个性化的工作关爱上,包括工作安全、工作压力管理、职业生涯管理等。这种生活与工作的关爱使公司的员工能够深刻地感受到公司对员工的关注和重视,让员工对公司产生信任感,也为公司推行价值观管理奠定了重要的基础。

第八章
价值观外化

• • • •

在 A.O. 史密斯公司看来,公司的客户不仅包括最终使用产品的客户,也包括产品流通环节的各类合作伙伴,而公司"客户满意"的价值观就是要做到能够将客户、合作伙伴凝聚在一起,建立共同的目标,积极实践,实现共同满意。本章介绍 A.O. 史密斯公司如何通过品牌传递价值观、通过伙伴共享价值观来实施价值观外化,即公司如何通过价值观管理工具感动顾客、感染伙伴,从而获得客户的价值共鸣。

第一节 品牌传递价值观

从终端客户的价值需求开始,主动为终端客户提供具有科技感和品牌价值的产品、提供具有人文关怀的服务,获得终端客户的价值认同,并承担起公司的社会责任,这一直是 A.O. 史密斯公司价值观管理的基本要求。

一、技术力量与品牌

技术力量是催生优秀产品的基础,更是品牌美誉传播的保障。A.O. 史密斯公司在十多年的时间里,从最初的销售亏损,到现在发展成为占地 37 万平方米,生产规模逾数百万台,销售额在中国热水器市场排名第一的公司,已拥有各类研发人员近250人,配备了世界最前沿的计算机处理设备及测试热水器性能的专利试验台,这样的配置加强了A.O.史密斯公司所有家用与商用热水产品的试验能力,便于开发出更多优秀的产品,以满足中国市场未来在水系统领域的产品需求。

案例8-1

闪耀科技之光的未来生活——世界上最舒适的生活用水系统

"城市让生活更美好",在2010年上海世博会主题之下,各国、各地区无疑都把自己的场馆当成了竞技舞台,各个世博场馆无不精心打造,所用设备也都千挑万选。

在异常苛刻的"选拔"之后,A.O.史密斯热水器成为中外众多世博场馆一致的选择。A.O.史密斯将近30个型号的商用燃气及电热水器、热水炉,分别进驻了包括世博中国馆、世博轴、世博演艺中心、未来馆,以及美国、加拿大、德国、法国、西班牙、荷兰、沙特等23个世博场馆。这些场馆的厨房和淋浴系统,全部由A.O.史密斯公司提供全方位的热水解决方案。

对于全面入驻上海世博会,A.O.史密斯公司总裁丁威认为:"超前的设计、创新的理念以及过硬的质量,使得A.O.史密斯热水器为世博会所青睐。"

A.O.史密斯产品能成为众多世博场馆的选择,也源于其对产品本身的无比重视。通过系统、详细的市场调研,A.O.史密斯公司洞察消费者深层次的需求,不断地开发出更好的解决方案。诸如A.O.史密斯公司全球研发中心推出的一系列低碳、环保产品——静音与快进键技术、一氧化碳安全防护系统、可省电一半的超节能电热水器等,都获得了中国消费者的高度认可。

世博场馆对A.O.史密斯热水器的选择,正是源于A.O.史密斯公司的强大技术力量。对于终端客户而言,A.O.史密斯公司持续不断地进行技术创新,确保产品质量一流、便利好用、安全可靠和节能环保,才是产品品牌富有价值的关键。公司高层管理者认为,与其花费大量精力去关注竞争,试图找出胜过竞争对手的方法,不如始终对自己提出这样的问题:"我们怎样做才是正确的?我们怎么才能做得更好?"

(一)质量一流

内胆是电热水器的核心设备,一旦漏水,整个内胆就报废了。内胆的质量对于终端顾客而言,是一个非常基本的问题,这里面有很多关键环节会影响内胆的使用寿命,比如钢板的成分、强度以及焊接技术等。

为了解决这一难题,美国A.O.Smith公司的数百名技术工程师精选出世界各地的5 000余种材料,耗时3年,投资近千万美元,成功研制出金圭内胆涂层配方。这种涂层在特种釉中加入特殊配方,通过高温烧结在特种优质钢板上形成,能承受巨大的水压(行业标准是12MPa,A.O.史密斯是20MPa)而不破损,有效抗锈、防腐、防垢,比普通耐热水的内胆的防护性能好5—10倍,而且在附着性能、柔性度等很多关键性指标上,在行业同类产品里都遥遥领先,这样就能极大地延长热水器的使用寿命。

(二)便利好用

储水型电热水器预热时间长,多人洗澡时明显不够用;即热型电热水器又会受制于用电环境和气温高低,热水量得不到保证。因此,如何才能集速热和储热两种优势于一体,便利人们的生活,一直都是A.O.史密斯公司希望解决的难题。

为了向顾客提供更为便利的产品,A.O.史密斯公司全球研发中心历时3年,研发出了速热/储热二合一电热水器。在急需用水时,启动双能速热功能,就能快速用到热水。而"MAX 增容"功能可连续提供多至 4 倍热水器容量的热水。在同时开启"即时加热"与"MAX 增容"功能时,就能有效实现接力加热效应,只要打开水龙头就能获得多至 4 倍热水器容量的舒适热水,这个功能被称为"快进键"技术。这一创新使得这款热水器上市至今一直颇受消费者的青睐,并在上市当年就获得中国家用电器研究院颁发的热水器行业"影响中国家电技术与消费趋势产品创新"大奖。

(三)安全可靠

冬天天气寒冷,人们洗澡时都会关闭门窗,如果空气不流通,燃气热水器燃烧不充分就会导致室内一氧化碳浓度升高。一氧化碳无色、无味,一旦超标,人就会在不知不觉中中毒,造成严重后果。

为保证使用者用水安全,A.O.史密斯新型燃气热水器都加装了一氧化碳安全防护系统。这个系统在传统燃气报警器单一预警的基础上,创新性地实现了预警及安全防护双重功能。它能 24 小时不间断监测居室内一氧化碳的浓度,并与热水器主机实现双向实时联动。一旦监测到一氧化碳浓度升高至界定危险值,复合探测报警器就会进行声光报警,强大的安全防护功能就会同步启动。主机即时切断燃气热水器气阀,特有排风装置高速清扫,把废气强制排至室外,正可谓监控报警、断气清扫、排废气保护一气呵成,主动确保安全。

(四)节能环保

随着国家一轮又一轮的节能政策出台,人们对于低碳节能产品的要求也越来越高,A.O.史密斯公司率先在 2012 年推出"省电一半的热水器",该产品突破性地将空气源热泵加热的功能添加进了电热水器中。这种模式通过电力驱动热泵加热模块将热量从空气中搬运至水中,用空气作为能源加热热水。与第一代使用单加热棒加热的热水器相比,升级过后的"省电一半的热水器"，烧出同样温度的热水，可以节省一半的电量。这一突破性产品的诞生，不仅对节能技术创新做出了示范性表率，也符合顾客对于家电低碳节能的需求。凭借卓越的省电性能，这款产品于2012年在德国柏林举办的柏林国际电子消费品展览会上赢得了国际专家的一致认可和好评，并获得中国家用电器研究院颁发的"2012家用电器最佳产品创新大奖"。

在厨房里用热水时，人们有时会被燃气热水器"轰"的点火声吓一跳，而且运行中的燃气热水器总是会有"呼呼"的声音。A.O.史密斯公司为了解决这个问题，提高顾客的生活品质，建立了一个专门研究超静音热水器的"静音实验室"，这也是首个出现在热水器制造商内部的"静音实验室"。在这个实验室内，工程师们花了近三年的时间，通过上置立式无级变频风机精确控制风量，对风道进行流线的弧形结构优化，极大地降低了运行噪音，使声音最低能小于40分贝，相当于疗养院的夜间噪音标准，大大降低了家庭的噪音污染。

质量一流、便利舒适、安全可靠、节能环保，每一个功能与细节都给顾客带来最贴心的温暖体验，通过产品的每一个功能与细节让终端客户认同，这正是A.O.史密斯公司一直以来的价值追求。

二、社会责任与品牌

A.O.史密斯公司在取得良好经济效益的同时，还关注民生，热心公益，主动承担社会责任，遵守按章纳税制度，建立起廉洁保障的长效机制，不断扩大品牌效应，积极追寻社会满意。在对员工的素质教育中，秉承"做社会好公民"的价值理念，积极推动公司价值观传递，培养员工的社会责任感，提高员工的综合素质。

（一）改进工艺

A.O.史密斯公司在热水器生产过程中，热水器外壳喷涂前的处理工艺会产出大量含磷废水以及磷化渣（铁系磷酸盐）。含磷废弃物排放到环境中，会破坏土壤、水体环境，造成生态失衡。因此，2012年前公司每年要花费100多万元处理这些含磷的废水和淤泥。本着让"社会满意"的价值理念，A.O.史密斯公司的制造工程部从2009年11月开始进行无磷前处理工艺的试验。经过3年的不懈努力，不断修正、完善工艺，终于在2012年9月，无磷前处理工艺正式在组装车间使用。这一新工艺使得生产过程总磷含量从4 830毫克/升降低到0.06毫克/升，在生产过程中不产生磷化渣，不仅降低了车间对喷淋系统的清理强度，而且大幅度降低了处理"危废"含磷污泥的费用。同时，涂层按美国材料实验协会（American Society of Testing Materials，ASTM）的标准检测，样本腐蚀剥落宽度明显缩小，因此，无磷工艺也大幅提高了产品的防腐能力。

（二）绿色采购

A.O.史密斯公司始终坚持以"绿色、低碳"作为发展理念，将"绿色采购"政策作为采购的指导方针。为保证绿色采购政策的落地实施，该公司与供应商签订相关绿色承诺，采购协议中明确了对供应商在环境保护承诺及职业健康安全方面的要求。通过不断向供应商传递让"社会满意"的价值观，强化宣传企业努力开发绿色环保产品的使命与责任，强调整合一流的国际化供应商资源，持续研发出行业最前沿的低碳环保技术，达到低碳环保的目标。在A.O.史密斯公司，闪耀的是一个全球化品牌背后的公司自律精神，对整个经济环境的净化和升级起到积极作用。

（三）廉洁保障

A.O.史密斯公司通过"廉洁保障制度"的建立与实施，很大程度上避免了可能出现的利益冲突或不廉洁行为给公司带来的隐患,有利于建设并长期保持廉洁的工作环境和业务合作伙伴关系。公司的人力资源部在办理入职手续时通过发放"廉洁保障制度"纸质文件、签署声明书等方式让员工收阅并知悉;并在新员工入职培训时,就该制度进行专项培训。A.O.史密斯公司所有员工每年都必须接受公司对廉洁和利益冲突行为的定期回顾(每年的第二季度完成),回顾与签署《利益冲突与廉洁情况声明书》,以确保人人知晓和遵守。有业务合作伙伴的A.O.史密斯公司部门负责与业务合作伙伴签订《廉洁合作协议书》,并在每年的年终进行回顾。年终时相关部门需要及时向公司管理层提交书面年度回顾报告和进行相应的跟踪处理。A.O.史密斯公司通过"廉洁保障制度",持续致力于建设并保持廉洁的工作环境和业务合作伙伴关系。

(四)抗震救灾

2008年5月12日,四川汶川发生的里氏8级地震震撼了整个中国,也牵动着A.O.史密斯公司广大员工的心。灾难发生后,A.O.史密斯公司第一时间成立行动委员会,并在5月13日分别通过中国红十字总会和江苏省红十字会,向地震灾区捐款200万元人民币。5月14日上午,南京市组织为汶川地震受伤人员无偿献血活动。这一消息传到A.O.史密斯公司,不到10分钟,各个部门的员工就在献血点排起了超过300人的长龙。当时,美国A.O.Smith公司采购部经理Mike Poole恰好在公司考察,53岁的他也积极参加了这次无偿献血活动。灾后,A.O.史密斯公司派出特别救援小组,为成都地区的4个灾民安置点的5 000多灾民免费安装了价值20万元的热水炉和热水器。

2013年4月20日雅安地震发生后,A.O.史密斯公司在21日即宣布向雅安地震灾区捐赠财物200万元,其中100万元现金通过公司公益抗灾平台汇往中华思源工程扶贫基金会,全部用于雅安赈灾重建(见图8-1);另外援助100万元的净水设备以保障受灾居民饮水安全。

图8-1　丁威(右)代表A.O.史密斯公司向地震灾区捐款

（五）倾情教育

A.O.史密斯公司自1998年成立以来,16年间捐资助教的脚步遍布全国各地。在公司发展的同时,回报社会,造福百姓,既是A.O.史密斯公司投资人一直以来的心愿,也是公司的责任和义务。

1999年A.O.史密斯公司成立1周年之际,在公司几名普通员工的倡议下,由公司人力资源部牵头开展捐资助学活动,全体员工积极响应,慷慨解囊,从自己的工资中每月捐出部分资金,少的10元,多的达120元,每月全公司合计捐款额超过1万元。这种募捐活动后来还扩散到公司在全国各地的办事处,公司全体员工都参加了这项有意义的活动。更为可贵的是,这项活动从1999年一直持续到了现在。同时,公司还建立A.O.史密斯爱心助学基金,形成常态化的捐赠机制,每月在员工捐款总额的基础上,再投入2倍的捐款金额。

在江苏省红十字会的支持下,2001年,A.O.史密斯公司捐资助学40万元人民币,成立了"红十字会A.O.史密斯爱心助学班"。连续数年将80名中小学在校孤儿和6名贫困大学生分批接到A.O.史密斯公司所在地南京,举办暑期"A.O.史密斯爱心助学班夏令营"。公司的叔叔阿姨们与孤儿们结成助学对子,公司为这些失去父母、连县城都没去过、生活在贫困线上的孩子们,打开了一个感受都市现代文明的窗口。

除了直接捐资助学和组织活动以外,A.O.史密斯公司还在高淳建起了一所"艾欧史密斯高淳博爱小学"。博爱小学建立之后,通过A.O.史密斯爱心助学基金的资助,学校的教学设备不断升级更新。公司的许多员工工作之余自发组织去博爱小学,与孩子们进行互动。受公司的影响,还有员工收养了部分贫困孤儿。

A.O.史密斯公司积极履行社会责任,得到了社会各界的高度认可和广泛赞扬,也因此荣获"2011中国企业社会责任榜"优秀实践奖、"2012中国企业社会责任榜"杰出企业奖、"2013中国企业社会责任榜"优秀实践奖等各类称号。正是这种社会责任感的驱动,A.O.史密斯公司体现了"以责任拉动公司进步,以公司进步实现社会责任"的发展哲学。

第二节　伙伴共享价值观

在商业生态系统中,公司的合作伙伴和社会经济环境共同构成了其生存的外部环境,通过物质、能量和信息的交换,公司与合作伙伴构成了一个相互作用、相互依赖的供应链体系,实现经济互惠、共同发展。

一、供应链协同

(一)经销商

经销商是商品供应链系统中的重要组成部分。通过经销商,生产者间接面对的终端客户以几何级数增加,公司的产品迅速覆盖全国性的广大市场。在垂直系列化渠道中,经销商的专属性程度常常由渠道权力的博弈来决定,相互之间的短期合作关系模式几乎是行业常态。但是在A.O.史密斯公司,经销商的发展与A.O.史密斯公司的发展融合程度非常高。不仅经销商可以间接参与到A.O.史密斯公司的管理当中,A.O.史密斯公司也会通过各种方式与经销商进行沟通协调,两者之间的关系非常深入。

案例8-2

再回首,与A.O.史密斯公司共同成长

在华北热水器市场的开发中,孙乃树先生可以说是一个非常重要的人物。2001年,时任A.O.史密斯公司大华北区(北京、天津、河南等)经理的孙乃树,抓住A.O.史密斯公司从直营向代理过渡的机会,下海成立了石家庄南华工程设施配套有限公司,并于2008年正式成立河北南华集团管理中心,开始经销A.O.史密斯公司的热水器。

在孙乃树的推动下,A.O.史密斯电热水器不管是在石家庄市内,还是在河北省的二、三级市场,都占据着20%以上的市场份额。南华集团管理中心的销售额以年均40%的增幅快速增长,迅速成为华北地区最大、最具实力的A.O.史密斯热水器经销商。短短十余年,南华集团管理中心的销售额就由2001年的1000多万元发展到2013年的8.85亿元。南华集团管理中心只做A.O.史密斯一个品牌,却已经与苏宁电器、百安居等大型零售连锁公司一样成为A.O.史密斯公司的前十大客户。

2012年12月14日,A.O.史密斯公司的总裁丁威先生亲临石家庄的河北南华集团管理中心,为孙乃树先生颁发艾欧史密斯(中国)热水器有限公司高级名誉副总裁任命证书。这样的岗位设置,促使生产商与经销商共享

信息,消除双方之间的人为障碍、信息不透明、降低内耗,充分发挥双方的潜力,实现合作共赢。

这次任命仪式,不仅是对南华集团管理中心销售业绩的认可,更是A.O.史密斯公司对经销商在热水行业发展过程中所起到的重要作用的充分肯定,是A.O.史密斯公司的一大创举,对中国家电行业来说具有里程碑式的意义。

在A.O.史密斯公司,类似案例还有许多,比如荣获2013年度A.O.史密斯公司的最佳经销商代表奖项的安徽沛远住宅配套工程有限公司总经理曹勇先生。他自2003年从学校毕业就加入了A.O.史密斯公司,2005年作为最佳业务员获奖。在A.O.史密斯公司工作熏陶了10年后,自己选择了角色转变,下海创业,成为A.O.史密斯公司的经销商,并积极倡导A.O.史密斯公司"四个满意"的价值观,谱写了一个典型的"在这里就业,在这里创业"的故事。

A.O.史密斯公司也会积极推动与像苏宁这样的渠道商的合作和价值观共享。2011年,A.O.史密斯公司发现公司产品在苏宁销售额的持续提升存在一些瓶颈,于是设立了苏宁专管团队。该团队由37名专管人员组成,辐射苏宁37个对应的管理中心,进行专业化的服务。专管团队每季度定期召开双方总部牵头的苏宁全国视频会,实时解决销售中遇到的问题,并加强双方的战略合作关系。通过一系列措施,A.O.史密斯热水器的销售在苏宁实现了高速增长:2012年1—10月热水器销售额同比平均增长16.2%(其中快速燃气热水器增长28%),A.O.史密斯热水器在苏宁销售的增长率高于苏宁销售的平均增长率5%。另外,A.O.史密斯净水设备在苏宁的销售也实现了300%的高增长,由2011年在苏宁销售中排名第六位提升到2012

年的第三位。

(二)供应商

供应商也是A.O.史密斯公司供应链体系中的重要组成部分,A.O.史密斯公司同样希望供应商能认同自己的价值观。

案例8-3

供应商的价值观推动

江苏迈能高科技有限公司(以下简称迈能)是A.O.史密斯公司的一个非常有代表性的供应商。虽然迈能与A.O.史密斯公司在价值观表达上不完全一致,但是为了将公司价值观融入到每一位员工的意识与工作行为中,迈能在学习、了解A.O.史密斯公司"价值观推动"活动的基础上,在该公司内部也进行了类似的价值观推动活动。

迈能的价值观推动活动的奖项与A.O.史密斯公司非常相似,包括客户满意奖、技术创新奖、管理创新奖、新人进步奖、发展他人奖、文化实践奖。不管是一线的员工,还是各层管理人员;不管是销售员,还是研发、采购、安全或者其他岗位的员工,都可以报名。只要在产品质量、客户服务等相关工作中做出突出成绩,在新产品研发、技术改造中做出贡献,在管理流程改进方面做出贡献,在新任职的岗位上取得较大进步,在人才培养、辅导他人、跨部门协作中表现突出,在公司文化建设和实践过程中做出贡献的,都有机会获得价值观大奖。迈能希望通过价值观推动活动,使公司价值观成为员工的行为准则,从而为客户提供优质的服务、帮助公司提升产量与效率,为社会做出贡献。

通过迈能的价值观推动活动,可以看出A.O.史密斯公司在与伙伴的合作中,通过自身对于价值观推动的坚持,使得合作伙伴不仅从理念上开始认同 A.O.史密斯公司的价值观,而且从形式上开始效仿 A.O.史密斯公司的"价值观推动"活动。

在供应商选择上,A.O.史密斯公司会非常慎重地对供应商高层管理团队素质、员工队伍稳定性、口碑等方面进行评价。在这个评价的基础上,再通过严格的"供应商综合评价体系"(见表 8-1)进一步对供应商进行选择,从而建立详细的、严格的评价指标。A.O.史密斯公司每年会定期组织与重要供应商的交流活动,加深相互之间的了解,并分享公司的价值观。

表 8-1 供应商综合评价体系

评审条款		分值	评分标准
1	管理层评估		高级管理层几乎没有定期对公司质量体系和产品质量控制情况进行评估。
			高级管理层定期对公司质量体系和产品质量进行评估。
			管理层的评估记录在案并制订出修正方案和行动计划。
			持续有效的增进措施得到了实施和完成。
2	质量方针和目标		有成文的公司目标和质量目标。
			公之于众并且为员工所熟知。
			有持续改进计划和行动。
3	质量手册		有非常基本的质量手册。
			质量手册比较完备。
			每一个部门都有质量手册,并且为员工所熟知。
			质量手册有细化的条款和反映高级管理层支持的政策规定,并且手册还附有部门最高负责人的签字。
4	内部管理体系		偶尔有实施,并有一些文件记录。
			有内审计划。
			审核按照计划执行,有改进的行动措施和过程管理。
			持续改善并且评估有效可行。
5	管理职责		有清晰的公司组织结构图以及明确界定和描述的职能、权责分工,同时为员工所熟知。
			独立的质量管控部门。

二、经销商教练

合作伙伴们对于A.O.史密斯公司的认可来自A.O.史密斯公司在方方面面的不懈努力。李杨先生是A.O.史密斯公司在浙江最大的经销商,他认为自己和A.O.史密斯公司的合作,就像是队员与教练的合作。在合作过程中,A.O.史密斯公司不仅重合同守信用,而且注重管理输出,关注经销商需求,帮助经销商赚钱,与经销商共同成长。这种合作类似于教练行为,在信念、价值观和愿景等方面相互联结,通过一些持续的流程,设定目标,明确行动步骤,实现合作共赢,取得卓越成效。

(一) 诚实守信

合同是商业合作中最为基础的工具,是平等主体的自然人、法人、其他组织之间设立、变更、终止民事权利义务关系的法律条文,它不同于协议。在东方商业社会中,人情很重要,有时与合作方确定了一项承诺,如果发生人员变动或合作方公司内部发生某些变化,之前的承诺就很容易不再有效。A.O.史密斯公司对待合同的态度非常严谨认真,一旦签署,双方就严格按照合同条款来执行。虽然A.O.史密斯公司执行合同严格,但却赢得了经销商的充分理解和积极配合。

例如,杭州的经销商李杨先生与A.O.史密斯公司合作的第一年,合同中有一个条款,如果当年销售额达到1000万元人民币,就由A.O.史密斯公司奖励价值7万元人民币的美国商务游名额1个。基于对自己的信心,李杨经过与A.O.史密斯公司商讨,将政策改为"不实行阶梯奖励方式,销售额做到1500万元人民币,由A.O.史密斯公司奖励3个美国商务游名额"。在约定考核到期后,李杨的公司实现了1480万元人民币的销售额,没有达到1500万元人民币的奖励标准。A.O.史密斯公司严格按照合同执行,李杨的公司1个美国商务游名额也没有拿到。但是李杨却并没有对A.O.史密斯公司有任何意见；相反，他觉得这是一个重合同、守信用的公司。

2014年7月，超强台风"威尔逊"在海南登陆。A.O.史密斯公司海南代理商仓库总价值达到49万元的产品被暴雨积水浸泡。为了对顾客负责，A.O.史密斯公司坚决把这批产品运回厂拆解，以防出现产品质量问题，而重新拆解需要花费39万元，公司经过研讨决定，A.O.史密斯公司承担损失的80%，而海南代理商只需承担20%。A.O.史密斯公司的代理商河北南华集团管理中心孙乃树先生认为，这一事例足以说明A.O.史密斯公司崇尚商业道德，诚实守信，及时帮助代理商解决困难，力图建立合作伙伴之间的信任关系。孙乃树先生深有感触地说："我们这些代理商，之所以对A.O.史密斯公司这么忠诚，最重要的方面就是看重A.O.史密斯公司对商业道德的尊崇，重合同，守信誉，出台任何政策，首先考虑到是否有损我们的利益，是否有损我们之间的长久合作。"

（二）关注经销商需求

经销商在市场上，一头对接产品，一头对接终端客户，往往受到多方因素的制约。对于他们而言，最为基本的诉求不仅是在短期内能赚钱，更是期望建立长期的合作关系，能长期稳定赚钱。

A.O.史密斯公司十多年来一如既往地给予经销商大力支持。在A.O.史密斯公司为庆祝美国A.O.Smith公司成立140周年庆典的会议发言中，公司总裁丁威明确表示要让经销商赚钱。经销商不必担心与公司签订专营经销合同却无法兑现。A.O.史密斯公司的文化与价值观不会以任何个人的意志为转移，只要经销商能做到合同中的承诺，下一年就会自动延续合同；只要互相积极合作，价值观一致，双方的长期合作就不会因某个决策者的个人喜好而改变。

如果经销商力不从心,其组织架构、管理模式以及业务运营等方面难以适应A.O.史密斯公司快速发展的要求,那么A.O.史密斯公司就会主动予以支持,通过自身的管理资源,满足经销商快速发展的需求。对少数管理薄弱的经销商,在管理上,A.O.史密斯公司直接给予指导和帮助。在人员管理方面,A.O.史密斯公司会帮助经销商建立人力资源管理体系,比如通过1个总监带2个经理,建立热水器作业和考评标准,完善考核机制,帮助推进目标管理、述职流程;帮助经销商组建人力资源管理团队,培养人力资源管理的专门人才,保持良好的用人机制。比如在人事权限管理上,有些经销商参考了A.O.史密斯公司的管理模式,对经营部负责人实行有限授权制,用人部门可以自己进行招聘,但是开除则需要总公司来决定,这对打造一支良好的人才队伍十分有益。在对人员管理的支持上,用浙江最大的经销商李杨的话来说,有些公司花几十万元请咨询公司来做人力资源管理系统,还往往落不了地,A.O.史密斯公司手把手地教效果却十分明显。

(三) 管理共享

A.O.史密斯公司作为"百年老字号"美国A.O.Smith公司的子公司,传承了大量先进管理经验与科学实用的培训方法,常常会通过各种机会将其传授给合作伙伴。与A.O.史密斯公司长期合作的经销商,对A.O.史密斯公司的系统管理认识非常深入,能够主动融合,完成在自己公司的复制,甚至能够结合实际进行创新。

在信息管理方面,为了真正地帮助经销商,提高其管理水平,A.O.史密斯公司主动在管理模式上进行创新,拓展了经销商的信息权限。A.O.史密斯公司的管理平台信息量非常大,不仅包括每个月所有经理人写的报告,还有很多来自各个方面、各个角度的意见、建议、数据、市场分析等,这些信息集中在公司的内部管理平台上,无论对于A.O.史密斯公司还是经销商,都非常有价值。A.O.史密斯公司将所有向高级管理团队共享的信息全部对获得授权的经销商开放,包括产品的价格、优惠点位,甚至包括A.O.史密斯公司人员对经销商的抱怨,等等,真正做到了消除公司与经销商之间人为的障碍,提高了管理效率。

对于销售目标的设定,A.O.史密斯公司对经销商设定的任务指标都建立在可行和可操作的基础之上。一般会围绕公司未来3年的发展计划,根据不同区域的战略侧重,以及经济发展水平、客户消费习惯,与经销商共同商讨确定任务指标。大的经销商向下级分销商以及各个直营部下达任务时,同样也建立在理性基础上,不会盲目地追求销量的最大化,而是追求利益与效益的最佳平衡点。这一点非常重要,计划性强使整个体系的运作都能够在一个忙而不乱的氛围中推进,按照一个相对合理的流程向前发展,在终端上同样是一种有序的竞争,不会盲目和激进。

另外,A.O.史密斯公司秉承着诚实信用和公平公正的原则,建立了"廉洁保障制度",保障合作双方的合法权益,以维护健康而稳定的合作伙伴关系。

(四)共同成长

A.O.史密斯公司通过价值观管理的具体实践,将致力于客户满意的公司价值观发挥得淋漓尽致,更为重要的是,通过价值观管理,与合作伙伴共同发展,使得合作伙伴更为深入地理解与认同A.O.史密斯公司的价值观。

2010年7月26日,来自河北、山东、陕西、内蒙古4个省区、46个城市共计141人的经销商代表参观了A.O.史密斯公司。总裁丁威亲自带队,详细讲解了热水器的生产流程以及关键零部件的制作过程;在参观的过程中,每一位经销商代表都为A.O.史密斯公司强大的实力和秩序井然的生产现场所震撼:整洁明亮的厂房,员工们井然有序的工作状态,以及琳琅满目的新款产品。当天下午,丁威将"四个满意"的价值观和公司的管理实践相结合,一一做出详细解释,将公司价值观生动地诠释并传递给合作伙伴。实际上,每一次在经销商参观A.O.史密斯公司时,总裁只要在公司,都会亲自主持,将培训办得生动而又精彩。通过对"四个满意"价值观的分享,让大家深刻领悟,A.O.史密斯公司正是通过各种各样的行为,比如建立全球研发中心、全国客户关怀中心、捐资助学,等等,让A.O.史密斯公司的价值观渗透到供应链管理的方方面面,深刻地影响着合作伙伴的行为,以期共同发展。

案例 8-4

价值观是衡量工作的唯一标准

在2014年1月7日的营销大会中,A.O.史密斯公司组织全国各地的经销商代表、销售精英、服务团队以及与销售相关的各体系代表,进行"头脑风暴"。

会议通过设立不同的专题进行讨论,诸如:

品牌影响力较强的城市如何精耕细作;

品牌影响力较弱的城市如何快速提升;

如何解决服务抱怨及网络差评的收费投诉问题;

壁挂炉监理运行模式的讨论;

如何确保"白名单"客户签约销售达成,如何开发/培养新的优质客户;

净水产品新渠道开发研讨;

2014年新能源如何保持高速增长……

这些专题既涉及企业战略层面,又涉及企业日常经营;既着眼于未来,又关注现实。每一个分会场,A.O.史密斯公司都以"头脑风暴"的形式,让与会各方代表各抒己见、畅所欲言,以保证每一位经销商都能有机会分享自己的想法。

"头脑风暴"会议正是一个价值观传递的平台,在对具体问题的研讨中,将"四个满意"的价值观作为解决所有问题的唯一标准,成为大家共同发展的基石。

营销大会是A.O.史密斯公司在价值观认同方面的另一种重要形式。A.O.史密斯公司往往会通过营销大会的时机,组织经销商进行"头脑风暴",分析他们遭遇到的实际困难,并帮助他们制定更远大的目标。在这个过程中,处处渗透着"四个满意"的价值观,并将其作为所有工作的唯一衡量标准。所以,与其说营销大会是一个业绩分享与年度规划的会议,不如说A.O.史密斯公司通过营销大会等活动在合作伙伴中持续强化价值观,建立共同发展的文化基础。

从2011年开始,A.O.史密斯公司成立了经销商"亿元俱乐部",每年会组织两次经销商管理研讨活动,邀请销售额超过5 000万元人民币的经销商到公司来,分析经销商目前面临的挑战,共同找出解决问题的对策方案,倾听经销商对A.O.史密斯公司提出的建议、意见。2011年,通过"亿元俱乐部"研讨出对经销商进行人力资源支持的制度;2012年,通过"亿元俱乐部"研讨出与电商公司的合作模式,以应对零售新渠道中的剧烈变化。"亿元俱乐部"是由公司总裁直接组织的沟通平台,通过这一平台,加强了A.O.史密斯公司与经销商之间的互动,在准确、及时地了解经销商的需求以及面临的问题的基础上,共同商讨合理的解决方案,积极而稳健地帮助经销商完成更为远大的目标。

◼ 小结

在与客户的合作中，A.O.史密斯公司通过一点一滴的精耕细作，建立了互相信任的基础，并且建立起与经销商之间分享价值、携手共进的教练关系。更为重要的是，公司向客户持续地传递自己积极的、富有正能量的"四个满意"的价值观，使产品背后蕴含的价值观得到完美彰显。海纳百川，有容乃大，A.O.史密斯公司正是如此坚定而坦诚地关注客户满意，以一颗相互尊重、相互理解、同筑梦想、共创未来的赤子之心，熔铸了钻石般纯净、恒久、耀眼的魅力品牌，赢得了众多客户的价值认同和鼎力相助。

PART FIVE

第五篇

凝神聚气

管理者希望将公司的价值观融入到公司员工的思维之中,体现在员工的行为上。那么,价值观管理是否有模式可以遵循? 价值观管理的目的是什么?

本书认为具有"S-Code(协同进化、持续推进、提高人才密度)"特征的 A.O. 史密斯价值观管理模式是可以遵循和复制的,A.O. 史密斯公司价值观管理的目的是实现员工自由与责任的平衡。

心有多大,舞台就有多大。

第九章
A.O.史密斯公司成功之道

A.O.史密斯公司价值观管理的成功,主要是公司在以制度保障员工、股东、客户和社会的核心利益的基础上,构建了有效的价值观管理模式。但是,如果只从微观的层面来研究和学习一些具体的做法,就没有真正领悟到A.O.史密斯公司价值观管理的精髓,只有站在一定的高度,从整体的视角总结A.O.史密斯公司价值观管理的主要特征,才能从更深层次真正地理解和把握价值观管理实践的内涵。本章首先对A.O.史密斯公司价值观管理模式进行总结,然后从自由与责任的视角来论述价值观管理的本质。

第一节 "S-Code"模式

从领导的言传身教到员工的克己复"礼(价值观)",从价值观推动到价值观践行,看似简单而纵横交错的管理实践却暗含玄机。许多公司都慕名而来,在向A.O.史密斯公司学习价值观管理的过程中,认识到价值观管理不能只关注那些具体的管理方法和工具。如果只把价值观管理的内容看作几句宣传口号、几本制度手册和几项文化活动,然后进行复制和移植,就没有从整体上把握价值观管理的内涵,最终往往会得不偿失、难以为继。因此,要想真正学会A.O.史密斯公司的价值观管理,就要理解它背后的管理模式。经过归纳、提炼,我们发现A.O.史密斯公司的价值观管理是一项系统工程,既需要各项管理实践和各方力量的协同配合,又需要锲而不舍地坚持。我们将这套行之有效的管理方法概括为"史密斯密码"模式,即"S-Code"模式(见表9-1)。其中,"S"表示"Smith(A.O.史密斯公司)","Code"由"Co""d"和"e"三部分组成,代表A.O.史密斯公司价值观管理的三大特征,即协同进化(Co-evolution)、持续推进(Duration)和提升人才密度(Elite)。

表9-1　A.O.史密斯公司的价值观管理模式

"S-Code"模式	
S:Smith	A.O.史密斯公司
Co:Co-evolution	协同进化
d:Duration	持续推进
e:Elite	提升人才密度

一、协同进化

在广袤而神秘的南美热带雨林中,生活着世界上已知最小的鸟类——蜂鸟。它们个个都是飞行好手,是许多植物的传粉者。然而,蜂鸟并不是只依赖一种植物的传粉动物,因此,对于种群数量小的植物来说,选择压力可能促使其产生较多的花蜜来吸引蜂鸟。而神奇的现象也就此发生,那些依靠蜂鸟传粉的植物几乎分泌同等数量的花蜜,为的就是希望不被蜂鸟"遗弃"。更有甚者,它的花筒也进化成刚好能够容纳某种蜂鸟鸟喙的形状。生物学家将这种现象称为协同进化,即两个相互作用的物种在相互适应中共同进化。

协同进化可以使两个物种之间的特性更加匹配,以使两者都能更好地发展。因此,对于企业来讲,依靠协同进化实现内部员工、外部利益相关者与企业自身相匹配同样有着重要的意义,而衡量这种匹配性的关键指标就是价值观一致性。纵观A.O.史密斯公司的价值观管理,正是通过各项管理实践的系统配合,通过各方力量的协同进化,最终实现了员工及外部利益相关者对"四个满意"价值观的认同(见图9-1)。

图9-1　A.O.史密斯公司价值观管理的协同进化

(一)领导与员工的协同进化

领导在A.O.史密斯公司的价值观管理体系中起着决定性的作用。首先,总裁丁威高度重视价值观管理,并坚定地认为A.O.史密斯公司之所以取得今天的成功就是因为其矢志不渝地坚持和践行"四个满意"的价值观。作为公司的"掌舵人",他扛起"四个满意"的大旗,全面指挥价值观的推动和传播,为价值观的落地指明了前进的方向;其次,各级领导在日常的管理过程中,都严格按照"四个满意"的价值观进行决策和行动,为员工树立了榜样,积极地引导他们的行为;最后,管理层在与员工的交流过程中,始终将"四个满意"挂在嘴边,要求并说服他们遵守公司的价值观。正是通过"言传身教",员工们渐渐地领悟了"四个满意"的真谛,从而表现出符合公司价值观的行为,并不断地内化公司"四个满意"的价值观。

领导不仅会影响员工,员工同样也会影响领导。一方面,由于员工是公司运转的力量来源,因此,能否以正确的领导方式影响员工是企业管理的核心要素;另一方面,由于"四个满意"包括"员工满意",所以,A.O.史密斯公司的领导者绝不采取"专权命令"的管理方式,而是秉承以人为本的理念,积极地与员工沟通交流,听取他们的意见,了解他们的需求,坚持"五项基本原则",做到"用心管理"和"超越私利的目的、关爱员工和公平公正"。

就这样,因为领导,员工认同了"四个满意";因为员工,领导实现了"卓越管理"。他们协同共进,相互配合,使得双方的关系变得更加融洽,凭借持续改善,不断提升企业的运营效率和效益,保证价值观的落地。

(二)部门与部门的协同进化

如果把 A.O.史密斯公司的价值观管理体系比作一个交响乐团,那么各个部门的管理实践就是交响乐团中各种乐器的同台献技,要想奏出天籁之曲,就需要各个乐器之间的完美配合。为此,A.O.史密斯公司首先利用 ASTAR 项目使各个部门围绕"客户满意"的目标凝聚在一起,形成上下游的内部客户合作关系。各个部门在此框架下相互主动配合,为日后的协同进化提供了基础。其次,各个部门都积极地为公司文化建设贡献力量。它们各自通过有效的管理实践,按照 ASTAR 提供的标准和要求,为自己所服务的部门提供多方面的服务。在招聘环节,公司特别注重对应聘者价值观的考察,尽力确保输入与公司价值观较为一致的人员,筛选掉与公司价值观冲突较大的人员。在培训环节,采用多样化的方式向员工传递公司的价值观。除此之外,管理层在公司范围内积极打造"价值观推动活动""每日价值观"等活动,以正面激励的方式引导员工表现出符合公司价值观的行为。公司各个部门共同的努力付出,极大地促进了全体员工对公司价值观的认同。

虽然很多下游部门接受着上游部门的服务,但这些下游部门也同样输出着影响上游部门管理实践的行为:通过 ASTAR 评分,帮助上游部门寻找有待完善的环节;对公平公正的需要,促使公司管理层不断研讨,制定出详尽的价值观推动活动制度、薪酬福利保障制度、班组长选举制度、述职制度、内部竞岗制度等。这些制度又进一步确保公司各项价值观管理实践的落实,形成公司价值观管理的保障机制。除此之外,审计部门的内部审计、其他部门员工的内部监督,又会督促各个部门的员工围绕"四个满意"的价值观开展行动。

因此,A.O.史密斯公司的各个部门在价值观管理的过程中,是一种横向互联的关系。各个部门能够很好地配合、协同,共同进步,多方力量产生"1+1>2"的效应,从而实现对企业价值观的共同捍卫。

(三) 企业与合作伙伴的协同进化

不确定性和复杂性已经成为当今时代的主题,面对此情形,仅靠某个企业单独的力量已经难以应对当下的挑战。而企业间合作所产生的整合优势,能够显著地降低不确定性、交易成本等。因此,正如中国的俗语所讲:"众人拾柴火焰高",企业通过与合作伙伴的共同努力,将会带来双方或多方的共同繁荣。

在 A.O.史密斯公司的合作伙伴中,经销商是最为典型的代表。A.O.史密斯公司在与经销商的交往过程中,凭借始终坚守"重合同、守信用"的原则,取得了它们的全面信任。各个经销商承诺只代理 A.O.史密斯公司的产品，并全力投入开展所在地区的市场渗透与开发。经过共同的奋力拼搏，A.O.史密斯公司当之无愧地成为中国热水器行业的领导者，而其经销商也在快速成长。在经销商队伍发展壮大的过程中，A.O.史密斯公司一方面全力协助它们开展人力资源管理体系建设，建立IT系统，另一方面还手把手地教授它们开展价值观管理。在此过程中，也把"四个满意"的价值观传递给了各个经销商。

A.O.史密斯公司与经销商的关系可谓"一荣俱荣，一损俱损"。因此，A.O.史密斯公司非常重视各个经销商的意见。例如，曾经有经销商指出，由于A.O.史密斯公司规模的逐渐扩大，渐渐地有了"大企业病"的症状，导致与经销商之间的沟通协调效率下降。为此，A.O.史密斯公司进行了人员调整，为大型经销商配备专职客户经理，进行合署办公。

除了经销商，A.O.史密斯公司与供应商同样相互影响，协同进化。例如，迈能作为A.O.史密斯公司的供应商，积极地向A.O.史密斯公司学习价值观管理。为了实现自己公司价值观的落地，迈能也大力推广价值观推动活动，迈能的董事长、总经理亲自参加A.O.史密斯公司的高级领导力培训，并设置了与A.O.史密斯公司非常相似的价值观推动奖项。通过与迈能的交流，A.O.史密斯公司注意到在开展价值观推动活动的过程中自己没有考虑到的地方，并向迈能学习一些开展活动的经验。双方相互学习，共同进步，为未来的继续合作奠定了坚实的基础。

经过多年的合作，A.O.史密斯公司和合作伙伴逐渐形成了以A.O.史密斯公司为核心的"企业生态圈"。A.O.史密斯公司向合作伙伴传递自己的价值观，输出开展价值观管理的经验，合作伙伴促进A.O.史密斯公司完善价值观管理。A.O.史密斯公司与合作伙伴之间相互磨合、匹配，最终实现了"四个满意"价值观的外化。

二、持续推进

价值观作为引导个体认为某些具体的行为操守或人生终极追求,比与之相反的行为操守或人生终极追求更可取的某种持久信念,具有稳定性和持久性的特点。人的价值观一旦确立往往不易改变,并通过多种方式表现出来,如兴趣、愿望、目标、理想、信念和行为等。所以,要改变一个人的价值观是非常不易的事情,需要持久地影响,改变其对事物的认知基础,才有可能使个人的价值观发生改变。因此,公司推行价值观管理必然是一场"持久战"。如果公司推行价值观管理,只是在开始的时候非常重视,投入大量的资源,却不能长期坚持,价值观管理的效果便无法显现,导致最终对价值观管理的放弃。

因此,持续性便成为公司推行价值观管理成功的关键要素。公司通过持续地投入和改进,提升了员工对公司价值观的认同,进而使公司的内耗降低,效率提高,成本下降,效益上升,获得发展。而公司的发展又使得自身拥有更多的资源来完善价值观管理,从而又促使公司持续地推行价值观管理,形成良性循环,最终实现公司的永续经营。

A.O.史密斯公司自1998年成立以来,一直在持续地推行价值观管理。虽然在刚开始的几年中,价值观管理并没有给公司带来明显的、直接的效益,但几年后,价值观管理的效益逐渐呈现,造就了公司今天的成功。A.O.史密斯公司用自己的实际行动证明了持续推进价值观管理的价值和意义。通过深入分析,我们发现A.O.史密斯公司价值观管理的持续推进表现在时间和质量两个方面(见图9-2)。

一方面,持续推进体现在时间跨度上。公司自1998年成立以来,一直坚持推行价值观管理,尤其是在公司刚成立的前3年,在没有盈利处于亏损

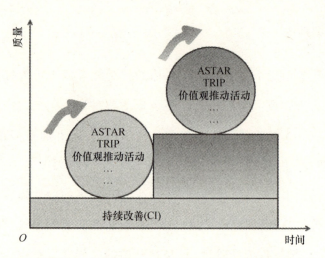

图 9-2　A.O.史密斯公司价值观管理的持续推进

的情况下,依然推行价值观管理实属不易。此后,越来越强化价值观管理。随着价值观管理的持续推进,员工对公司价值观的认同度不断提升,价值观管理的作用开始慢慢显现,帮助 A.O.史密斯公司走向了巨大的成功。正所谓"不积跬步,无以至千里;不积小流,无以成江海"。A.O.史密斯公司在时间跨度上持续推进的特征,成为其他企业推行价值观管理可以借鉴和学习的经验。

另一方面,持续推进体现在对价值观管理的持续改善上。起初,A.O.史密斯公司在价值观管理的过程中,采用直接翻译过来的美国母公司标准版价值观。后来,管理层经过与员工沟通,发现翻译过来的价值观表述不易于记忆。于是,总裁丁威和管理层多次研讨,围绕"不改变内涵,直白、方便记忆"的原则,最终将其母公司——美国 A.O.Smith 公司的标准版价值观凝练为"四个满意"(客户满意、员工满意、股东满意、社会满意)。就这样,从一点一滴做起,公司的价值观管理越做越有感觉,越做越得心应手。此外,在 A.O.史密斯公司,持续推进还体现在价值观管理项目上。对每一个价值观管理项目,一旦启动,A.O.史密斯公司就会一直坚持,并且会不断地完善和强化。例如,2002年,公司为了提高部门之间的协助效率,经过多次研讨,推出了ASTAR,时至今日,这项制度不仅在继续推行,而且在推行的过程中还在不断地完善评价手段和方法,反思和改进该项目的评价机制,使得ASTAR在提升内部服务水平、营造良好的工作氛围方面发挥着越来越大的作用。也正是由于A.O.史密斯公司对每一个价值观管理项目不断地进行改进和完善,才使得价值观管理项目能够更好地开展,员工对公司价值观的认同度越来越高。

三、提升人才密度

当今社会,公司所面临的竞争环境愈来愈激烈,公司要想在激烈的市场竞争中赢得竞争优势,就必须重视人的因素,充分发挥人才对于企业发展的重要作用。只有不断地提升人才密度,才能满足公司快速发展的需求,最终实现公司的可持续发展。

人才可以给公司带来创新,包括技术创新、思想创新等,让公司获得持久的竞争优势;人才还可以给公司带来财富,让公司的资源得到有效的整合与利用,发挥最大的作用。因此,人们常说"21世纪的竞争是人才的竞争",一个公司经营的好坏,不仅取决于其是否拥有雄厚的资源与货币资本,更取决于其是否拥有高素质的人才。但是,对于"何谓人才?",大家却常常莫衷一是。有些人认为人才就是掌握了某种专业知识或专业技能的人,另外一些人认为人才就是能够带领他人改变现状的人。A.O.史密斯公司也一直在讨论"在认同公司价值观的前提下,我们究竟需要什么样的人?",经过公司管理层的不断研讨,2007年公司开发出TRIP模型来界定公司所需的人才类型。后来,伴随着公司的持续发展,销售额以每年20%以上的速度增加,为了保持高速发展的好势头,公司又提出"在认同公司价值观的前提下,我们需要什么样的人,才能保证公司持续发展?",经过管理层的多次研讨,2010年公司在TRIP模型的基础上,给"P"赋予了另一层含义,即激情(Passion)。于是该模型虽仍为TRIP,但其内涵更加丰富,"P"既指专业(Professionalism),也指激情(Passion)。

在这种人才观的指引下,A.O.史密斯公司一直在寻找"志同道合"者。公司在招聘过程中不仅对应聘者相应的能力进行考评,更重要的是对其价值观进行考察。因为A.O.史密斯公司认为人的能力是可以通过培训等方式在短期内培养的,而人的价值观是相对稳定、不易改变的。因此,通过招聘尽力确保吸引认同公司价值观的应聘者,排除与公司价值观有较大冲突的求职者,这样做对公司价值观管理的成功有着重要的作用。

此外,A.O.史密斯公司还投入大量的资源对员工进行培养。每年对员工的培训不仅针对性强,而且形式多样。通过全面到位的培训,不仅提高了员工的工作能力,还提升了他们对公司价值观的认同度。

为了留住人才、提升员工的满意度和敬业度,A.O.史密斯公司建立健全了各种制度,如薪酬福利保障制度、述职制度、内部竞岗制度、班组长选举制度等,通过制度来保障员工的核心利益,同时确保从绩效考核到晋升等涉及员工核心利益的管理环节实现公平公正。

为了保障公司总目标的实现,A.O.史密斯公司每年都会对公司当年的总目标进行分解,公司每个部门都需要制定部门目标(不超过5个)。其中,必须有1个组织建设指标,即"高潜人员占比",而且权重不低于25%。围绕制定的目标,在全体人员的共同努力下,公司内部用来衡量人才密度的"高潜人员占比"指标屡创新高。A.O.史密斯公司通过内部培养,积累了大量优秀人才,使得公司人才密度的提升速度超越了公司快速发展对人才需求的增长速度(见图9-3),确保公司实现可持续、高速发展。这些认同公司价值观并且符合TRIP模型的人才,不仅给A.O.史密斯公司带来创新,使公司获得持续的竞争优势和利润,还使得公司的核心价值观得到传承和延续,造就了A.O.史密斯公司的成功之路。

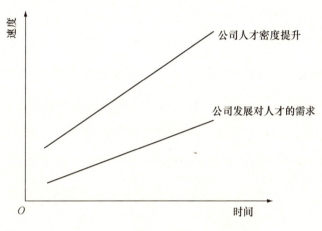

图9-3　A.O.史密斯公司人才密度提升

第二节　自由与责任

无疑,A.O.史密斯公司的价值观管理是成功的。公司的领导者通过身体力行和榜样带动努力践行"四个满意"的价值观,通过对员工、客户、社会、股东核心利益的制度保障和持续的价值观推动活动,将价值观融入到公司员工的思维之中,体现在员工的行为上,使价值观成功"落地"。我们发现,A.O.史密斯公司的这种价值观管理模式,既强调领导者的榜样作用,又通过制度保障、价值观推动活动塑造价值观管理的氛围;既实现内部员工、股东的满意,又实现外部客户、社会的满意。那么,这种平衡式的"四个满意"的价值观管理背后隐藏的最终目的是什么呢?

A.O.史密斯公司的价值观管理模式包含协同进化（Co-evolution）、持续推进（Duration）和提升人才密度（Elite）三大特征。我们将其命名为"史密斯密码"，即"S-Code"模式。其中，协同进化表现在领导与员工、部门与部门以及公司与合作伙伴之间，通过合作共进和相互配合，纵向上实现公司领导的卓越管理和员工的价值观认同，横向上实现公司内部各部门对价值观的共同坚守，以及公司与合作伙伴对价值观管理的相互促进；持续推进一方面表现为公司对价值观管理的执着坚持，促使越来越多的员工及合作伙伴认同公司的价值观，另一方面表现为公司对价值观管理的不断完善，加强每一项管理实践的作用效果，实现员工和各利益相关者对公司价值观的认同；提升人才密度表现为公司通过有效的招聘、培训等方法吸引并培养与公司"志同道合"、符合 TRIP 模型的高素质员工，实现人才密度的提升速度超越公司快速发展对人才需求的增长速度。

凭借具备"S-Code"特征的价值观管理方法，A.O.史密斯公司实现了员工对公司价值观的认同。纵观 A.O.史密斯公司的价值观管理，我们发现，"S-Code"模式最终的目的在于营造"自由与责任"的氛围（见图9-4）。公司希望通过价值观管理，实现员工对公司价值观的认同，进而促进他们对组织的认同，激发他们的责任心，保障员工能够在公司提供的自由平台上更好地发挥主观能动作用，实现公司的整体目标。

那么，公司如何赋予员工自由？怎样激发员工的责任感呢？A.O.史密斯公司所推行的具备"S-Code"特征的价值观管理，为我们解答以上问题提供了一个范本。A.O.史密斯公司通过价值观管理活动，为员工塑造了一种责任、创新、自由的组织氛围，通过制度保障员工核心利益、通过价值观推动活动来强化员工对公司价值观的认同。在这种氛围下，员工逐渐认同公司价值观，并在此基础上产生责任感。同时，公司以提供相对自由、无须监控

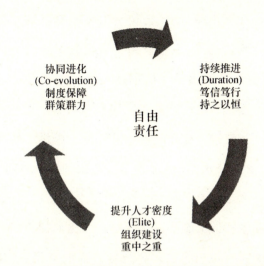

图 9-4　A.O.史密斯公司具备"S-Code"特征的价值观管理的目的

的工作环境作为回报,为员工提供了一个施展个人才华、通过实现公司目标来体现个人价值的广阔舞台。公司希望员工能够在这个舞台上发挥其主观能动性,而且,员工的主观能动性越强,他在公司平台上拓展的舞台就会越宽广,环境就会越宽松,个人的价值体现就会越充分。

一、自由

工业经济时代以效率导向、程序化、流程化等为特征的管理模式已经不适应当前公司发展的要求。在21世纪的知识经济时代,员工个性化的需求和多元化的价值观,要求公司减少对员工的限制,在工作中赋予员工更多的自由,为员工提供更大的施展个人才华的舞台。员工只有在工作中获得了自由,才能够在工作中有所突破、有所创新,才可能为企业创造更大的价值,员工的个人价值也才能得到更好的体现。因此,如何赋予员工自由成为当前企业管理的一个重要问题。

作为一家快速发展且具有很强创新能力的企业,A.O.史密斯公司不仅每年都能推出几十种新产品,而且公司员工每年都能够对公司的运营管理提出上万条的创新改进意见,为企业的发展提供了强有力的支撑。为什么A.O.史密斯公司能够激发出员工的创新精神?为什么员工愿意为企业的发展提出创新性的意见和建议?主要原因在于,A.O.史密斯公司给员工提供了充分的自由。首先,A.O.史密斯公司给员工提供了表达意见和思想的自由。在A.O.史密斯公司,包括总裁丁威在内的高管的办公室是开放的,任何员工都可以自由走进高管的办公室去交流和表达自己的意见,而且公司还有相应的制度保障员工能够表达其观点。比如,跨级别沟通交流会,员工可以在会上自由发言说出自己对公司各方面的意见、建议以及他们关心的问题。其次,A.O.史密斯公司给予员工工作的灵活性和自主性方面的自由。比如,A.O.史密斯公司没有具体的岗位说明书,只有招聘时用的2—3行字的原则性岗位工作说明。A.O.史密斯公司认为,提供具体的岗位说明书并不会产生增值效益,员工需要自己对所从事的工作有清楚的认识,需要自己思考应该做什么工作,只有这样才能够激发员工的潜能和创新精神,发挥其主观能动性。为了避免无岗位说明书可能出现新员工不知道干什么、没事干的问题,公司采取两方面的措施予以解决。一方面是主管面谈。新员工入职后,主管与他面谈交流,告知他基本上应做哪些事,并与他一起交流如何做得更好。在此基础上,新员工为了更好地完成工作,可超乎想象地自己决定做哪些事情。另一方面是伙伴计划。公司会为新员工安排一个伙伴,如果他有什么不清楚的事情可以咨询该伙伴。再比如,一线员工可以通过竞岗选择自己喜欢的工作。为了解决一线员工竞岗可能存在的技能不够、资质不符的问题,公司区分本部门、跨部门两种情况来帮助员工成为多技能、多资质的多面手。对本部门员工,公司采取轮岗学习的方法,让员工掌握所在部门的各岗位的技能。对想掌握跨部门岗位技能的员工,公司在员工提出学习跨部门岗位技能的需求后,帮其安排师傅,在下班之后跟师傅学习。在A.O.史密斯公司,员工还可以自由参与相关项目,并可以对本岗位之外的其他工作内容提出改进和创新意见。比如,员工可以自由参加CI活动,针对公司内部的生产、销售、服务、管理等所有生产运营管理环节中存在的可改进之处,提出自己的改进意见,提出建议和实施CI项目的员工均能够根据改进成果获得CI积分奖励;员工可以参加价值观推动活动,主动思考体现公司价值观的行为,还有机会获取客户满意奖、产品创新奖、环保贡献奖、公益活动参与奖、管理流程改进奖、生产流程改进奖、工作场所安全奖等相关奖项。当然,A.O.史密斯公司认为,公司赋予员工自由,一定是建立在员工具有相对应的责任感基础之上的。只有在员工拥有"我愿意"去做的主观能动性,自觉地践行公司"四个满意"价值观,主动承担责任,用自己的行为体现公司价值观的时候,员工才能够发现并获得公司给予的充分自由。

二、责任

如前文所述,公司为员工提供了广阔的自由舞台,希望员工能够在这个舞台上发挥其主观能动性,而这种主观能动性需要员工具有相对应的责任感。员工只有具备责任感,才会以"我愿意去做"而不是"要我去做"的理念去思考。A.O.史密斯公司认为,员工的责任感包括三个层面:做自己应该做的事;当自己做这些事情时,不需要任何人告知;当自己在做这些事情时,不需要任何人监督。如果员工有责任感,他就会把工作当成自己的使命来完成,不但会尽职尽责做好本职工作,还会发挥其主观能动性,将工作任务执行到位,不只是做了,而是能超乎想象地做好工作。

要让员工具有责任感,首先要让员工对公司的价值观产生认同。那么如何才能够让员工认同公司的价值观呢？A.O.史密斯公司认为，首先，员工认同公司"四个满意"的价值观需要建立在体现员工价值的基础之上，包括公司对员工的尊重和对其核心利益的制度保障，这是基础，也是前提。其次，在体现员工价值、保障员工核心利益的同时，必须要维护公司利益相关者的利益，因为公司是社会中的一员，它依靠社会中利益相关者的联系而存在，如果公司不重视或者损害了利益相关者的利益，那么公司就失去了持续发展、永续经营的条件，失去了生存的根基。在A.O.史密斯公司，因为大家都认同公司价值观，所以公司和员工都将"四个满意"的价值观当作一种责任。这种责任不仅体现了员工的利益，也体现了其他利益相关者——股东、客户、社会的利益。公司中的每位员工都必须基于这种责任感来处理具体的工作决策和行为，在具体工作中员工都从责任的视角对各种工作方案进行比较和选择，在行为中体现出对这种责任的履行，尤其是在制度无法覆盖的领域，这种责任更具有意义。A.O.史密斯公司认为要赋予员工自由，必然要让员工从心底深处产生责任感，使员工的行为体现公司的价值观。责任和自由是相伴而生的，只有承担得起责任，才能享受得了自由。

随着中国国际化和市场化程度的提升，互联网经济正在颠覆我国传统的商业模式，企业之间的竞争变得越来越激烈。企业如何在激烈的竞争中持续向前发展呢？技术、市场、创新等都是可能的答案，但是员工才是这些优势的最终来源。如何管理好员工？如何让员工的目标与公司的目标保持一致？如何实现员工和公司利益一体化？我们认为，实现员工对公司价值观的认同是其关键所在。通过价值观管理活动，能够很好地实现这一目的。

那么，自由与责任之间到底是什么关系？"心有多大，舞台就有多大。"这句话完美地诠释了二者之间的关系。

"心"是什么？这里的"心"指的是责任心，是员工对待生活、对待工作的一种态度,是一种"我愿意去做,而不是要求我去做"的心态。只有员工有了责任心,才能够把公司的事当成自己的事来做,才能够把自己当作公司的一部分,才能够与公司"荣辱与共"。因此,公司需要努力通过企业文化建设形成良好的氛围,这种氛围能够帮助员工认同公司的价值观。只有员工认同了公司的价值观,才能够真正地认同其所属的公司,把自己看作是公司的一部分,才能够从自己内心深处产生责任感。只有这样,员工才能够将个人的价值取向与公司的价值取向和谐统一起来,认可其所在的公司,才会以对家的忠诚眷恋、以不达目的誓不罢休的创新激情,创造性地做好自己的本职工作。而且,通常情况下,员工的责任心越大,员工所拓展的"舞台"就会越大。

"舞台"是什么?它是员工可以展示才华的空间,也是员工自我价值实现的平台。我们认为,公司所提供的舞台就是赋予员工更多的自由空间。员工的自由可以表现在很多方面:充分表达自己意见和建议的机会;对如何完成工作有较大的灵活性和自主性;可以充分参与公司的活动;对自己所在的岗位或其他岗位提出改进意见,等等。员工如果在工作中有较大的自由空间,他们便能够一展拳脚,充分发挥其主观能动性,为公司建言献策。我们认为,员工和公司的发展就像是"大河涨水小河满"一样,二者是相辅相成、相互推动的,能够实现共同发展。员工可以充分利用公司提供的自由舞台,在这个舞台上员工不仅能为公司做出应有的贡献,更能实现其自身的价值。

彼得·德鲁克指出:"20世纪的管理最重要的、事实上真正独特的贡献是使制造业手工工人生产率提高了整整50倍。在21世纪,管理需要做出的最重要的贡献,同样是增进知识工作与知识工作者的生产率。"因此,我们认为,当前企业管理要提高知识工作者的生产率,就需要很好地处理自由与责任之间的关系。A.O.史密斯公司所推行的价值观管理活动,能够帮助公司实现这一目的。A.O.史密斯公司具备"S-Code"特征的价值观管理模式的成功,充分说明了自由与责任的平衡对于当前企业发展的重要性。公司既要赋予员工较多的自由空间,又要能够通过价值观管理活动来激发员工的责任感,以确保实现自由与责任的有机结合、自由与责任的和谐统一。只有这样,员工才能真正获得自由,才能真正实现公司与员工的共同发展。

主要参考文献

[1] 保罗·格里斯利著,徐海鸥译.管理价值观:企业经营理念的变革[M].北京:经济管理出版社,2002.

[2] 彼得·德鲁克著,朱雁斌译.21世纪的管理挑战[M].北京:机械工业出版社,2006.

[3] 加里·胡佛著,薛源,夏扬译.愿景[M].北京:中信出版社,2008.

[4] 吉姆·柯林斯著,于利军译.基业长青[M].北京:中信出版社,2007.

[5] 黄希庭,张进辅,李红,等.当代中国青年价值观与教育[M].成都:四川教育出版社,1994.

[6] 马妍姝.用心管理[M].北京:电子工业出版社,2010.

[7] 曲庆.企业价值观在人力资源管理制度中的实现[J].经济管理,2008(Z2):21—22.

[8] 任华亮,杨东涛,李群.工作价值观和工作投入的关系——基于工作监督的调节作用[J].经济管理,2014(6):75—85.

[9] 吴维库,富萍萍,刘军.基于价值观的领导[M].北京:经济科学出版社,2002.

[10] 吴维库,刘军,张玲.以价值观为本领导行为与领导效能在中国的实证研究[J].管理工程学报,2003,17(04):76—82.

[11] 西蒙·L.多伦,萨尔瓦多·加西亚等著,李超平译.价值观管理[M].北京:中国人民大学出版社,2009.

[12] 徐国华,杨东涛.制造企业的支持性人力资源实践、柔性战略与公司绩效[J].管理世界,2005(5):113—169.

[13] 杨东涛,等.制造战略、人力资源管理与公司绩效[M].北京:中国物资出版社,2007.

[14] 杨东涛.从口号到行动——A.O.史密斯公司的文化建设之路[M].北京:北京大学出版社,2011.

[15] Alder G S, Ambrose M L. An examination of the effect of computerized performance monitoring feedback on monitoring fairness, performance, and satisfaction [J]. Organizational Be-

havior and Human Decision Processes, 2005(97):161—177.

[16] Chatman J A. Matching people and organizations: Selection and socialization in public accounting firms[J]. Administrative Science Quarterly. 1991(36): 459—484.

[17] Cable D M. The convergent and discriminant validity of subjective fit perceptions [J]. Journal of Applied Psychology, 2002(5): 875—884.

[18] Cable D M, Turban D B. The value of organizational reputation in the recruitment context: A brand-equity perspective [J]. Journal of Applied Social Psychology, 2006 (11): 2244—2266.

[19] Chatman J A. Matching people and organizations: Selection and socialization in public accounting firms [J]. Administrative Science Quarterly, 1991(3): 459—484.

[20] Chowdhury S. The role of affect and cognition-based trust in complex knowledge sharing [J]. Journal of Managerial Issues, 2005(7):310—326.

[21] Elizur D. Facets of work values: A structural analysis of work outcomes [J]. Journal of Applied Psychology, 1984(69):379—389.

[22] Halbesleben J R B, Wheeler A R. The relative roles of engagement and embeddedness in predicting job performance and intention to leave [J]. Work and Stress, 2008 (22): 242—256.

[23] Harter J K, Schmidt F L, Hayes T L. Business-unit-level relationship between employee satisfaction, employee engagement, and business outcomes: A meta-analysis [J]. Journal of Applied Psychology, 2002 (87):268—279.

[24] Kirkman B L, Shapiro D L. The impact of cultural values on job satisfaction and organizational commitment in self-managing work teams: The mediating role of employee resistance [J]. Academy of Management Journal, 2001(44):557—569.

[25] Leiter M P, Maslach C. Banishing Burnout: Six Strategies for Improving Your Relationship with Work [M]. San Francisco, CA:Jossey-Bass, 2005.

[26] Locke E A, Henne D. Work Motivation Theories [M]. New York: Wiley, 1986.

[27] Meyer J P, Irving P G, Allen N J. Examination of the combined effects of work values and early work experiences on organizational commitment [J]. Journal of Organizational Behavior, 1998(19):29—52.

[28] Niehoff B P, Moorman R H. Justice as a mediator of the relationship between methods of monitoring and organizational citizenship behavior [J]. Academy of Management Journal, 1993 (36):527—556.

[29] Nan L. Social capital: A Theory of Social Structure and Action[M]. New York: Cambridge University Press, 2001.

[30] O'Reilly, Chatman, Caldwell. People and organizational culture: A profile comparison approach to assessing person-organization fit[J]. Academy of Management Journal, 1991(3):

487—516.

[31] Pfeffer J. Competitive Advantage Through People: Unleashing the Power of the Work Force [M]. Harvard Business Press, 1996.

[32] Portes A. Social capital: Its origins and applications in modern sociology[J]. Annual Review of Sociology, 1998(24):1—24.

[33] Putnam R D. Making Democracy Work: Civic Traditions in Modern Italy[M]. Princeton: Princeton University Press, 1993.

[34] Rich B L, Lepine J A, Crawford E R. Job engagement: Antecedents and effects on job performance [J]. Academy of Management Journal, 2010(53):617—635.

[35] Rokeach M. The Nature of Human Values [M]. NY: Free Press, 1973.

[36] Rong M, David G Allen. Recruiting across cultures: A value-based model of recruitment [J]. Human Resource Management Review, 2009 (19):334—346.

[37] Schneider B. The people make the place [J]. Personnel Psychology, 1987(3):437—453.